玉川上水の世相史

―なぜ悲劇を招く舞台になったのか―

月谷　歩

まえがき

江戸時代に開削された玉川上水は多摩川中流の羽村取水堰から江戸に飲み水を送るとともに、武蔵野台地に張り巡らされた分水路網を通じて新田開発を促しました。その後、水道事業の近代化が進み今日では上水の供給という役割は限られていますが、その水路と環境を守ろうという多くの人々の情熱と尽力によって上中流部の水流は維持され、流域の緑を保全する努力も日々続けられています。自然の力と人間の英知が見事に結晶した姿が今の玉川上水です。

水なくして人は生きられません。古代には雨を御するとされた呪術師を人々は崇《あが》めたそうです。多くの人に飲み水を供給し、不毛だった土地で農業を可能にした玉川上水はまさに天の恵みに等しいものでした。一方で水は人の命も奪ってきました。玉川上水は人工の水路ではありますが、そこを流れる水に人を呑み込む魔力があることに変わりはありません。

私が玉川上水に不気味さを感じたのは、一九六八年（昭和四十三年）のことでした。当時、小平市立第四小学校六年生で卒業を間近に控えた私は、「土左衛門が上がった」という級友の知らせを聞いて駆け出しました。「土左衛門」の意味を私は知りませんでしたが、重大事が起きたことを直感しました。小平市上水本町の玉川上水にかかる「小松橋」辺りから下流方面に目をやると、遠方で何か膨れたものを吊り上げているような様子が見えました。五十年以上経ってから当時の新聞記事を調べて、その辺りで防衛庁（現防衛省）幹部の自殺があったことを知りました。

小平市を流れる玉川上水は側壁の赤土がえぐれていました。昭和四十三年頃はもう水量は少なくなっていましたが、深く暗い底を静かに水は流れていました。覆いかぶさる木々で土手はうっそうとしていて、思い起こせば日常とは離れた何か恐ろしいことが起きても不思議はない雰囲気が漂っていました。

今でこそ流域のほとんどに「玉川上水緑道」が整備され市民に快適な憩いの空間をもたらしていますが、過去には玉川上水が舞台となった悲劇が多く起きました。誤って転落したり、身投げして自ら命を断ったりした人は数え切れません。死体遺棄の現場にもなりました。陽と陰は一体です。玉川上水は上水の供給によって江戸や多摩地域を飛躍的に発展させる役割を果たした一方で、人を暗い闇にいざなう顔も持っていました。

井の頭公園で誤って玉川上水に転落した児童を助けようとして自ら命を落とした引率教員の松本虎雄氏。戦争で住居を転々とした末、三鷹駅近くの玉川上水分水のほとりで知り合ってからわずか一年余りのうちに入水心中した作家の太宰治氏と美容師の山崎富栄《とみえ》氏。部下の不祥事発覚の数日後に「一死以《もっ》てお詫び申し上げます」という遺書を残し、小平市の玉川上水脇の分水で死亡した航空自衛隊空将補の山口二三《じそう》氏。

第一章から第三章でこうした人たちが玉川上水で命を落とした状況を振り返り、その時代背景を考えます。第四章では玉川上水でほかにも数え切れないほどの悲劇があったことを紹介し、多くの命を奪って「人喰い川」と呼ばれるようになった理由について、玉川上水の水路の特性などから探りました。

玉川上水は世界に誇れる土木遺産であり、人々の暮らしを支えてきた命綱であり、今は都会生活に潤いを与えてくれるかけがえのない自然空間です。この宝物を後世に引き継いでいくに当たって、過去に数々の悲しい出来事があったことも忘れ去ってはならないと思います。玉川上水のもう一つの顔にあえてスポットを当ててみました。

目次

第一章　児童を救おうとして殉職した教員

楽しみの暗転

遠足が小学校教育の一環として普及し始めたのは明治時代の後半からだ。一九一七年（大正六年）、東京郊外の北多摩郡武蔵野村（現武蔵野市）と三鷹村（現三鷹市）にまたがるエリアに日本初の恩賜公園として開設された井の頭公園は、都心の小学校にとって遠足の格好の目的地となった。恩賜公園とは宮内省（現宮内庁）の御料地を下賜されて整備された公園である。

公園の東側の敷地には神田上水の水源である井の頭池があり、西側は御殿山と呼ばれる小高い地形となっている。この辺りは「大密林」をなしていたと当時の公園案内図（ぶんしん出版「井の頭公園１００年写真集」に掲載）の説明にある。まだ武蔵野の原野の趣が残り、訪れる人も今のように多くはなかった。そして御殿山の南西の縁に沿って玉川上水が静かに流れていた。

東京市麹町区（現千代田区）永田町小学校の児童・職員がそろって井の頭公園に遠足に出かけたのは、一九一九年（大正八年）十一月二十日のことだった。都心と多摩地域を結ぶ鉄道の中央線はこの年の初めに吉祥寺駅まで電化されたばかりで、子供たちの気分は高揚していたはずだ。しかし一行を待ち受けていたのは、楽しみを暗転させる悲劇だった。

「受持児童を救はんとて 小学教員の溺死 井の頭公園浄水堀割の椿事《ちんじ》」。十一月二十一日付の報知新聞はその悲劇をこのような見出しで伝えた。「椿事」とは「一大事」という意味である。三年生の児童が誤って玉川上水に落ち、引率教員の一人だった満三十二歳の松本虎雄訓導が助けようと流れに飛び込んで命を落としたのだ。「訓導」とは当時の学校制度の用語で「教諭」のことである。

松本虎雄氏の肖像写真
公益財団法人修養団編集
『噫松本訓導』より

転落時の状況は同紙などでも詳しく報じられたが、松本氏が所属していた社会教育団体「修養団」が編集して一九二一年（大正十年）一月二十五日に出版した「噫《ああ》松本訓導」という追悼の書に、より詳しい描写が残されている。それによれば、転落時の状況は概ね次の通りだったようだ。

その日は前夜までの雨が止み雲一つなく晴れ渡っていた。一行五七〇人は午前十時頃中央線吉祥寺駅に降り立つと、公園の林道を池に向かって下り、弁財天の祠《ほこら》の近くの広場に集合した。それぞれの受け持ち教員が散策の範囲を指示し、危険な池などに近づかないよう注意を与えた後、正午まで自由行動となった。

都会生活から解放された少年たちは池の周りや林の中を跳び回った。松本教諭の受け持つ三年生の児童たちは御殿山の方に上った。正午が近づき、他の多くの児童が本部の方に駆けてゆく中で、松本教諭の組の児童たち十数人はまだ遊んでいてもよいか尋ねた。松本教諭は正午までまだやや時間があったのでこれを許すと、少年たちはまた散らばっていった。

子供たちは薄暗い杉林の先に明るく開けた小高い場所があるのに気付き、吸い寄せられるように一斉に駆け出した。後方にいた松本教諭はこれを見て「行ってはいけない」と制し、自らも走り出した。子供たちとの距離が十メートルほどに詰まったとき、先頭を走っていた永田俊雄少年がススキの生えた小高い場所の松の木の根元で「ばんざあい」と両手を上げて叫んだ。次の瞬間、その姿が見えなくなった。

少年が駆け上がったのは玉川上水の堤だった。人の背丈以上のススキが両岸から覆いかぶさって見えにくいが、下には魔のような川が静かに流れていた。しかも土手は粘土質で雨上がりは特に滑りやすい。松本教諭は「永田、永田」と呼んだが返事がないため、とっさに服や帽子を着けたまま靴も脱がずに流れに飛び込んだ。

残された児童たちは二人が上がってこないと知り、大声で助けを求めた。土手の数十メートルほど川下を散歩していた三人づれの青年が気付き、ススキをかき分けると、少年がススキの根につかまって急流にもまれていた。助け上げた少年は唇が紫色でぶるぶる震え口もきけなかった。一方、松本教諭の姿は見えず、中折れ帽が流れていくのだけが見えた。

以上が「噫松本訓導」が伝える転落時のあらましである。気象庁のデータによると、この日の東京の気温は平均九・〇度。最低三・六度、最高一五・九度で寒暖差が大きかった。多摩川中流から引かれた玉川上水の晩秋の水流はぞっとするほど冷たかったに違いない。

日本放送協会が編集し事故から三十四年後の一九五三年（昭和二十八年）十一月に白灯社が発行した「光を掲げた人々　第一巻日本編1」（一九五七年に高橋書店からも発行）にも、松本教諭の逸話が取り上げられている。同書は転落の状況について、子供たち二、三人がススキの穂を走って取りに行ったため、松本教諭は「そっちへ行くと危ないぞ。玉川上水が流れているんだ。おい永田君、永田！」と声を掛けたものの、永田少年は川に落ち松本教諭が川の中に飛び込んだと記されている。

細部の描写に違いはあるが、複数の子供たちが駆け出して松本教諭が注意したものの、永田少年が水流に落ちたという状況は共通している。「光を掲げた人々」では松本教諭の逸話の節の末尾に「残念なことにこの人のよい伝記はありません。私は当時の雑誌や新聞記事からこれをまとめました」という筆者の注釈がカッコ書きで加えられている。

遠足の意義

当時は「大正デモクラシー」の時代。事故が起きた一九一九年は第一次大戦後の特需で景気は活況を呈し、百貨店が生まれるなど商業にも新しい波が押し寄せていた。一方、世界ではナ

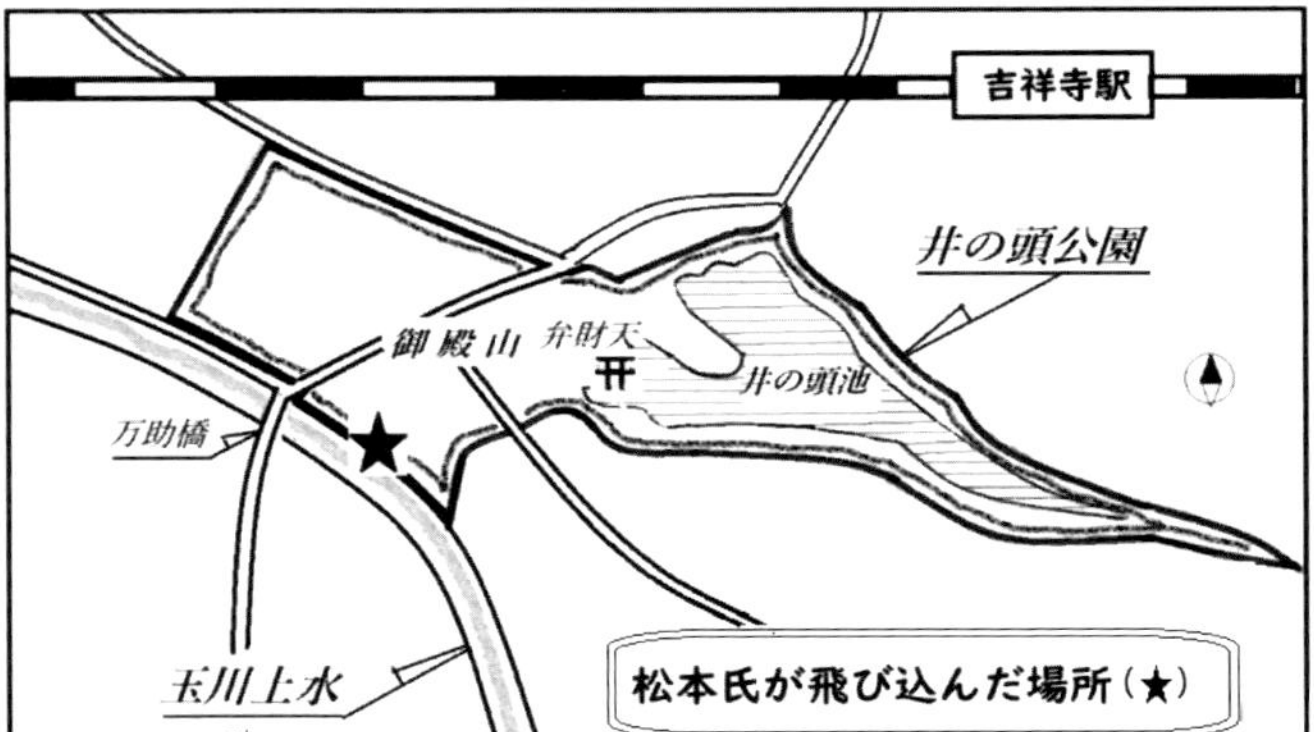

松本氏が飛び込んだ場所

（公園図はぶんしん出版『井の頭公園 100 年写真集』の開園直後の案内図を基に作成）

チスの前身であるドイツ労働者党が結成され、日本の帝国主義に抗議して中国で五四運動が起きるなど新たな緊張の火種が生まれていた。

そんな時代に小学校の「遠足」は教育上どのような役割を期待されていたのだろうか。一九一七年（大正六年）に出版された「小学校に於《お》ける校外教授と遠足」（野澤正浩・島田牛雅著、目黒書店）は、遠足の目的には「体育」「情意」「知育」の三つの面があり、この中で主となるのは「体育」の「身体の鍛錬」だと論じている。

同書は、日本国民の体格が西洋諸国に及ばないことに触れてその向上が急務であると説き、運動の中で基本となる徒歩力の強化の必要性を訴えた。遠足はこの脚力鍛錬が教育上の主な目的の一つだったのだろう。都会の永田町小学校の児童たちが自然あふれる井の頭公園を訪れて自由に動き回るのも、そのような教育の一環だったと思われる。

永田町小学校は東京市麹町区永田町一丁目一九番地に一九〇八年（明治四十一年）に開校した。現在の自民党本部の向かいだが、自民党本部の建物はもちろん現在の国会議事堂や衆参両院の議長公邸もまだない。当時の地図を見ると、軍の施設や教育機関、外国公館、政府要人の官舎、宮家の邸宅などが周辺に目立つ。

子供たちの遊ぶエネルギーは万国共通、親の職業や地位は問わない。先に引用した「小学校に於ける校外教授と遠足」では遠足の際の注意事項として、児童は野外に出ると「あたかも開放の自由を得たる小禽《しょうきん》の如く右に馳《は》せ左に駆け、夢中になって興じ廻るものであるから時とすると不測の災害を招いて取り返しのつかぬ事が出来《しゅったい》する」と注意喚起し、危険箇所を調査して災害を防ぐ用意をすべきであると説いている。

子供達に自然の中で動き回って体力を養わせる一方で、その安全管理には万全を期す必要があった。松本教諭もこのような遠足の意義と指導監督の重要性について十分に自覚していたはずだ。だからこそ、教え子の転落を知り反射的に流れに飛び込んだのだろう。

関係者の懸命な捜索にもかかわらず、松本教諭はその日のうちには見つからなかった。「噫松本訓導」は当時の玉川上水について、水勢は矢を射るように速いが、川岸が滑らかで川床が深いために水音が立たない上、長い間の浸食作用で川岸が内方に湾入しており、開削以来、久我山水衛所の所轄内だけでも六十余人を呑《の》み、死体が直《す》ぐに浮いた例がほとんどないと記している。

そこで松本氏捜索のため減水の措置が取られた。「噫松本訓導」によれば、翌二十一日午前八時過ぎには現場付近の水位が下がり始め、鉤《かぎ》のついた竿を持った捜索隊が転落現場から二百メートル余り下流で、崖の中に頭が入った状態の松本氏を発見したという。

このときの減水措置については、玉川上水羽村取水堰の業務を記録したこの年の「羽村日誌」の十一月二十一日分に、「府下北多摩郡三鷹村地先水路内溺死人捜索ノ為メ午前弐《に》時ヨリ同六時迄《まで》四時間断水ス」と記されていることからも裏付けられる。

十一月二十二日付の東京朝日新聞朝刊は、遺体の発見時間は二十一日午前十時五分頃で、現場には河床を深くえぐる大岩石があって水が渦を巻いており、同年夏以降すでに五人の命を奪った危険区域だったと報じている。

小学校の教員が教え子を救おうと川に飛び込み犠牲になった出来事は、社会に大きな衝撃を与えた。公的機関も事態を重大視し、松本教諭の責任感と勇気ある行動を称えようと動いた。麹町区議会は松本教諭の葬儀を「区葬」とすることを全会一致で決定、十一月二十九日に青山斎場で営まれた区葬には、橋本久太郎区長、田尻稲次郎東京市長、山川健次郎東京帝大総長、澤柳政太郎帝国教育会長らが出席したと「噫松本訓導」に記されている。

事故翌年の一九二〇年（大正九年）には松本氏の慰霊と表彰のため「松本訓導殉難碑」が転落現場近くに建立された。起草は東京女子高等師範学校教授の細田謙蔵氏、揮毫《きごう》は同校講師だった岡田起作氏である。本文の漢文は五〇九字に及び、当時の事故の状況や松本教諭の経歴や人柄、実績などを称えた上で、私的な利益追求が是とされる世の中で松本教諭の行動は軽薄な風潮の戒めになるだろうと結んでいる。今も碑の前に立つと、松本教諭の英雄的行動を後世まで伝え残そうという決意が伝わってくる。

普及し始めていた映画（活動写真）でも松本氏の悲劇が取り上げられた。映画会社は一九一二年（大正元年）に日本活動写真株式会社（日活）が創立され、その後、国際活映株式会社（国活）も発足した。両社はともに松本教諭の悲劇を作品化して一九二〇年（大正九年）に封切った。八展社が発行した「活動写真雑誌」の同年五月号には、両社の作品を比較する座談会形式の記事が掲載され、「日活の方では葬式の写真が大いに自慢なんだろう」「国活会社の方は又、力《つと》めて教育的に、そして極めて事実に近いようにと力めたらしい形跡がありありと見えているね」などと論評された。

一九一一年生まれの作家、野口冨士男氏は随筆「私のなかの東京」（文藝春秋、一九七八年）

で、神楽坂の文明館という映画館で、松本教諭の殉難をテーマにした活動写真を見た記憶を次のように書き残している。

「私は『あゝ松本訓導』などという映画—当時の言葉でいえば活動写真をみている。麹町永田町小学校の松本虎雄という教員が、井之頭公園へ遠足にいって玉川上水に落ちた生徒を救おうとして溺死した美談を映画化したもので、大正八年十一月の事件だからむろん無声映画であったが、当時大流行していた琵琶の伴奏などが入って観客の紅涙《こうるい》をしぼった」。

このように松本氏の殉職が大きな反響を呼んだ背景には、教師という職業を巡る当時の社会環境の変化があったようだ。教育学者の唐澤富太郎氏が著した「教師の歴史 教師の生活と倫理」（創文社、一九五五年）は大正時代の教員の地位の低下を指摘している。

それによれば、第一次世界大戦で日本経済は膨張し物価が暴騰、俸給生活者の中でも特に公官吏や教員の生活は窮迫していた。実業界が景気で潤う中、小学校教員は「髭《ひげ》を生やして洋服着ていても懐は淋《さび》しかろう」と労働者から揶揄《やゆ》されることもあり、教師は職業に対する自尊心を急速に失い世人も尊敬しなくなっていた。このため、より良い待遇を求めて民間に転職する教師も増えていたという。

物質主義が広がり、教員に対する社会の敬意が薄まりつつあった時代に、自己の身を児童の遭難救済のために捧げて、教育界はもちろん世人一般に畏敬の念を抱かせた殉職教員があったことも掲げなければならないと唐澤氏は指摘し、その具体的事例として松本虎雄教諭や小野さつき教諭の殉職を挙げている。

小野さつき氏とは、松本氏が亡くなった三年後の一九二二年に、仙台市宮村小学校の野外写生の授業中に川に落ちた児童三人を救助しようとして死亡した当時二十一歳の新任女性教師で、この事故も社会に大きな衝撃を与えた。教師像が変貌する中で、変わらぬ使命感と教え子への愛情を自らの命を犠牲にして示した教師の存在が、人々の心を揺さぶった時代だった。

源経基と松本虎雄

「噫松本訓導」によると、松本虎雄氏は一八八七年（明治二十年）一月六日、長野県上水内郡《かみみのちぐん》津和村（現長野市）に生まれた。幼いときに母とともに東京勤務の父のもとに転居。東京市四谷小学校高等科や私立早稲田中学を経て、一九〇二年（明治三十五年）に東京府師範学校の予備科二年に入学し、一九〇七年（同四十年）に同校を卒業、教員の道を歩み始めた。

初任校の東京市早稲田尋常小学校から東京府豊多摩郡和田堀内村大宮小学校を経て東京市赤坂尋常小学校に勤務。一九一四年（大正三年）病気で一時休職した後、一九一六年（大正五年）に東京市上六尋常小学校代用教員を経て麹町区永田町小学校の教員となった。

教師の仕事の一方、東京府師範学校の有志とともに設立した社会教育団体「修養団」の活動に励み、機関紙の編集にも携わっていた。松本氏が亡くなった後に修養団が発行した「噫松本訓導」には転落事故の詳細だけなく、恩師や知人の追悼文、それに松本氏自身が生前に書いた論文や随筆も掲載されている。

松本虎雄氏の父親は松本眞弦《まづる》氏といい、号を鉄山といった。一八四九年（嘉永二年）四月七日信濃国上水内郡山穂刈村《やまほかりむら》（現長野市）で生まれ、地元で公務に従事した後に上京。東京市四谷区役所などを経て宮内省に入り、大正天皇の大礼準備委員会書記や、大礼記録編纂《へんさん》委員会書記などを務めた。

眞弦氏は一九一九年（大正八年）九月二日に七十一歳で脳出血により他界。眞弦氏が残した「左右尊卑大義《さゆうそんぴたいぎ》」という儀礼上の左右の序列を論じた書物の草稿を虎雄氏が編集し出版したのが同十月二日で、虎雄氏はそれから一カ月半後に玉川上水で絶命した。眞弦氏の勤勉ぶりは徹底していたようで、「左右尊卑大義」に収められている小伝によれば、家人に対して「窓色すでに白うしてなお枕を撤し得ざる者は懶惰《らんだ》なり」（窓の外が明るくなっても寝床を出られない者は怠けている）と戒めていたという。

「噫松本訓導」によれば、松本家の先祖は関東源氏の祖と言われる源経基の子の一人、満快にさかのぼるという。満快からくだった子孫が松本兵部を称し武田信玄に仕え、武田氏が滅びると信州山穂刈村の山中に隠れた。そしてその子孫に当たるのが、虎雄氏の父の眞弦氏だったという。

伝えによると、松本虎雄氏の遠い祖先とされる源経基は井の頭公園と深い縁があるようだ。たましん地域文化財団発行の「多摩のあゆみ」第一六七号で古文書「神田御上水源井之頭弁財天略縁記」について馬場憲一氏が解説しているところによると、井の頭公園のシンボルである弁財天は、源経基が天慶年間（九三八～九四七年）に伝教大師作の天女像を安置したのが始まりとされ、その後、源頼朝が一一九七年（建久八年）に井の頭に宮社を建立し神像を安置したと伝えられている。

そうした伝承の残る井の頭公園の縁を流れる玉川上水で、経基の後裔《こうえい》の一人とされる松本虎雄氏が教え子を助けようとして命を落としたのである。何という巡り合わせだろう。

事故から十五年後の命日である一九三四年（昭和九年）十一月二十日に「殉職訓導故松本虎雄君十五年祭」が永田町小学校で開かれた。翌二十一日付の東京朝日新聞朝刊によると、二十三歳になった永田俊雄氏も出席し、「友達と坂を走りっこして降りて来たらあの水に落ちたんです、流されました、すすきにつかまっていたら、松本先生が助けに来て下さったのです、忘れられる記憶じゃありません…」と涙ながらに語ったという。

「噫松本訓導」に掲載されている松本虎雄氏の論文の一つに「存在論」がある。机の上の書物が机によって支えられ、その机も床によって支えられているように、存在は個々に分立するのではなく、「相互に抱擁する犠牲の累積」であると指摘し、「存在は依存なり。依存とは犠牲の累積なり、而《しか》して犠牲とは没我の行動なり」と論じている。教え子を救おうと身を賭して玉川上水に飛び込んだ松本氏。その反射的な行動を軽率とみる向きも一部にはあったようだが、松本氏の信念を知ればその完璧なまでの言行一致に頭が下がるばかりである。

井の頭池ほとりの杉林は、戦時中の一九四四年（昭和十九年）に木材資源不足のため一万五千本が伐採されたそうだが、松本訓導殉難碑の辺りにはヒノキの木立が残っている。今その前に立つと、永田少年らが明るい光を求めて走り出した光景が目に浮かぶようだ。

木立の光の先に松本訓導殉難碑が見える
（2023 年 3月9日撮影）

第二章　太宰治と山崎富栄

分水沿いの出会い

松本虎雄氏が玉川上水で殉職する二カ月前の一九一九年（大正八年）九月二十四日、山崎富栄氏が東京市本郷区（現文京区本郷）で生まれた。二十九歳のときに作家の太宰治（本名・津島修治）氏と玉川上水で心中する女性である。日本初の美容学校であるお茶の水美容学校を創設した父とその妻の間に生まれた。十歳年上の太宰氏はこのとき青森県北津軽郡金木町（現五所川原市）の金木第一尋常小学校四年生だった。

二人の心中後、文壇の有力者らから富栄氏を一方的に悪女扱いする言説が公然と流布されていたが、太宰治研究家である長篠康一郎氏が丹念な調査を基に「山崎富栄の生涯―太宰治の死と真実」（大光社、一九六七年）など渾身の著作を世に問い、こうした見方を覆した。

その後も、鎌倉で富栄氏やその義姉と美

松本侑子『恋の蛍　山崎富栄と太宰治』／光文社文庫

容院を共同経営していた女性の姪で、富栄氏の人柄を直接知る梶原悌子氏が心中の経緯を、「玉川上水情死行―太宰治の死につきそった女」（二〇〇二年、作品社）として発表。二〇〇九年には作家の松本侑子氏が二人の評伝小説「恋の蛍　山崎富栄と太宰治」（光文社）を著し、二〇一二年に文庫化された。本章では、玉川上水を視点に据えて二人の運命をたどってみたい。

遠く離れた土地で生まれ育った二人は、第二次世界大戦の混乱をそれぞれ生き抜いて東京郊外の三鷹村（現三鷹市）で巡り合った。舞台となった中央線三鷹駅南口周辺は、玉川上水とその分水である品川用水に挟まれていたエリアである。玉川上水の水路は中央線三鷹駅の真下を北西から南東に進む。三鷹から一キロ半ほど上流で玉川上水から南側に分岐していたのが品川用水で、三鷹駅の南二百メートルほどの辺りをやはり北西から南東に流れていた。品川用水は現在埋め立てられ「さくら通り」となっている。

二人は品川用水沿いの屋台で知り合い、そのわずか一年三カ月後に命を断つ。三鷹で出会ったことが、結果的に玉川上水での心中へのカウントダウンのスイッチを押した。そもそも二人はなぜ三鷹に住むようになったのだろうか。それは、戦争という歴史の大事件の影響を抜きには語れない。まず太宰氏から見てみよう。

太宰氏の東京での暮らしは、一九三〇年（昭和五年）に二十一歳で東大仏文科に入学したことから始まった。「太宰治の年譜」（山内祥史、大修館書店、二〇一二年）によると、上京後に都内を転々とした後、一九三三年（昭和八年）に荻窪駅に近い杉並区天沼に居住。二年後に千葉県東葛飾郡船橋町（現船橋市）に転居したが、一九三六年（昭和十一年）に入院生活を経て杉並区天沼に戻った。

そして一九三八年（昭和十三年）、二十九歳のときに師であった井伏鱒二氏の紹介で石原美知子氏と結婚して山梨県甲府市に住んだ。そこから三鷹に転居したのは翌一九三九年（昭和十四年）九月、東京に出てから約九年後のことである。

「三鷹市史 通史編」（三鷹市史編さん委員会、二〇〇一年）によると、三鷹は一九二三年（大正十二年）の関東大震災以後に住宅地として急発展し、昭和に入ると作家が次々に移り住むようになった。一九二八年（昭和三年）には、童謡「赤とんぼ」の作詞で著名な詩人三木露風氏、昭和十年代に入ると山本有三、武者小路実篤、そして太宰治の各氏らが居を構え、「文士村」の様相を呈し始めた。当時、山本有三氏は眼病を、太宰治氏は結核を患っていたことから、その静養に適した地として三鷹を選んだと言われると、「通史編」には記されている。

太宰氏の妻の津島美知子氏は甲府からの転居の理由について著書「回想の太宰治」（講談社文芸文庫、二〇〇八年）でこう述べている。「太宰はもっと心おきなく語り合い刺激し合う先輩や仲間が欲しかったのだと思う。荻窪かいわいの馴染《なじみ》の店で気心知れた方々と飲み且つ放談する雰囲気が恋しくなってきたのだろう」。

長篠康一郎氏の著作「山崎富栄の生涯―太宰治の死と真実―」には、太宰氏が転居に先立つ六月に「国分寺、三鷹、荻窪方面を歩いて家を探し、七月にも再び上京して三鷹に新築中の借家を見つけた」とある。これが、最後の住居となった東京府北多摩郡三鷹村下連雀一一三番地の家である。

家探しの経緯は、一九三九年（昭和十四年）に太宰氏が知人らに宛てた複数の書簡からうかがえる。「太宰治全集12　書簡」（筑摩書房、一九九九年）の関連書簡を見てみよう。

まず津軽の津島家出入りの呉服商で、実家との間に立って太宰氏の世話をしていた中畑慶吉氏に宛てた五月二十六日付の書簡には次のように書かれている。

「甲府では、やはり仕事の上で、何かと便利わるく、井伏様とも相談の上、六月上旬に、浅川、八王子、国分寺、あの辺を捜して、格好の家を見つけ、移転するつもりです。あの辺だと、東京まで一時間くらいで、そんなに訪問客もないでしょうし、また、甲府ほど不便でもなし、仕事には、ちょうどいい、と思います。荻窪辺だと、一ばん便利なのですが、いま貸家は、絶対に無いそうです。こんど本を出しましたので、本屋から二、三百円もらいますから、そのお金で引越しするつもりです」。

師である井伏鱒二氏が荻窪駅近くに住んでおり、転居先は本来ならその辺りが望ましいと考えていたようだが、当時は東京郊外の住宅需要が旺盛で貸家が見つかる見込みがないので、中央線のさらに西の地域を念頭に置いていたことが分かる。

家探しを相談したのは小金井町（現小金井市）に住んでいた友人の画家、鰭崎《ひれさき》潤氏だった。津島美知子氏の「回想の太宰治」によれば、鰭崎氏は太宰治氏の姉の嫁ぎ先である小舘《こだて》家の四弟の小舘善四郎氏が通っていた美術学校の友人だった。ちなみに善四郎氏は、一九三六年（昭和十一年）に太宰氏が入院中にその内妻だった小山初代氏と密通した人物である。太宰氏はその後、初代氏と心中を図るものの未遂に終わっている。

三鷹の貸家

ともあれ、太宰氏は鰭崎氏との間で芸術論などを交わす仲だった。その鰭崎氏から国分寺の貸家を三件ほど紹介されたのに対して太宰氏が返信したとみられる六月一日付のはがきには次のように書かれている。

「きょうはまた、速達にて、わざわざお知らせ下さいまして、ありがとうございます。三種の家屋のうち、最も小さい、三室の家が適当かと存じます。あす朝六時に甲府を出発して、国分寺へ見に行きたいと思います。国分寺に到着するのは、九時か九時半ごろになると思います。もし、おひまでしたら、その時刻に、国分寺駅へおいで下さいませぬか。御用が他におありでしたら、むりにおいでなさらなくても、私、デタラメに、国分寺を片っぱしから捜してみますから、その点は、御心配なさらぬよう」。

太宰氏は美知子夫人とともに翌六月二日朝に甲府を出発したと「太宰治の年譜」に記録されている。連絡があまりに急だったせいもあるだろう。国分寺では鰭崎氏と会えず、紹介された家は自力で探し当てた。しかしそこはすでに契約済みだったため、さらに他の貸家を探し歩き、結局、荻窪の井伏邸までたどり着いたという。そのことを六月四日付の鰭崎氏宛てのはがきで以下の通り報告している。

「あの日に、お逢いできず、残念でした。でも、あの新築中の家、捜し出すことができましたから、御休心下さい。残念のことには、もう全部が、すでに契約済になってしまっていて、如何《いかん》ともしがたく、それから三鷹、吉祥寺、西荻と、とうとう荻窪の井伏さんのお宅まで来てしまいました。六里は、たっぷり歩きました。貸家札一つも無く、おどろきました」。

六里というから二十四キロほど歩いた計算だ。現在の中央線の国分寺駅と荻窪駅は直線距離で約十三キロだが、貸家を探しながら周辺を歩き回ったとすればうなずける。そしてその途中で、手頃な物件に目を付けていた。六月四日付の鰭崎氏宛てのはがきは以下のように続いている。

「吉祥寺の三鷹寄り、井の頭公園の奥、松本訓導殉死の川を越えて、あの辺は、なんというところかしら、とにかく、三鷹、吉祥寺間、井の頭公園裏の麦畑の中に、六軒、新築中の家がありましたが、皆二十七円で、少しそれでは高すぎますし、家主さんと交渉したところ、六月末にその六軒の前方に更に三軒、二十三、四円の家をたてるつもりだとの話を聞き、それでは、それがたちかけたころ、また東京へでかけてゆき、交渉しようと、いうことにして甲府へ帰って来ました」。

松本虎雄氏が殉職してからすでに二十年になろうとしていたが、太宰氏は鰭崎氏へのはがきで玉川上水について「松本訓導殉死の川」と表現している。太宰氏の胸には玉川上水は既にこのときに死に結び付く川として刻まれていたのかもしれない。

ちなみに、「日本労働年鑑第20輯《しゅう》」（大原社会問題研究所編、栗田書店、一九四〇年）によると、この家探しの前年の一九三八年度の大卒以上の事務職初任給は六十五円六十銭だった。

三鷹市史によると、一九二九年（昭和四年）の大恐慌の影響で農産物の価格が急落、三鷹の農業も打撃を受け、新しい生産のあり方を探ったり、農地を手放したりする農家もあったという。このため「農家のなかには畑を耕すよりも貸家を建てる方が有利と考える人があった」（津島美知子氏の「回想の太宰治」）。太宰氏が見つけたのもそうした物件だったようだ。

鰭崎氏にはさらに七月八日付のはがきで「わざわざ三鷹まで見にいらっしゃった由《よし》にて、恐縮です。十日すぎごろ、また捜しに上京するつもりで、そのときは、家が未完成でもなんでも、きめてしまおうと存じて居ります」と経過を伝え、同十九日付では「三鷹に家を見つけ、八月はじめに移住することになりました。移住したらすぐにお知らせいたします。小さい家ですよ」と結果を報告している。転居は九月に実現する。

妻の津島美知子氏には夫の家探しはどう映ったのか。「回想の太宰治」では、「太宰はこれまで家なり下宿なり、自分で探し歩いてきめたことなど無く、誰かが用意してくれたところに住んできたから、この家探しのときに気乗りしない迷惑気な様子で、家賃さえ廉《やす》ければよい、早くこんな雑事から脱《まぬか》れたい気持が見えて、私はさびしく頼りなかった」と率直に述べている。

こうして転居して来た三鷹の貸家は最寄り駅の三鷹駅から直線距離なら一キロ弱、吉祥寺駅からは同じく一キロ半弱のところにあった。周囲は農地ばかりだった。津島美知子氏によれば、「南側は庭につづいて遥《はる》か向こうの大家さんの家を囲む木立まで畑で、赤い唐辛子や、風にゆれる芋の葉が印象的だった。西側も畠で夕日は地平線すれすれに落ちるまで、三畳の茶の間とお勝手に容赦なく射し込んだ」(「回想の太宰治」)。

太宰氏の書簡や美知子氏の著書からは、太宰氏が三鷹の家を転居先に選んだのは熟慮の末というよりも、面倒を早く済ませたいという気持ちから、家賃の条件に合った物件を見付けて即決したことがうかがえる。三鷹に住んだことのある評論家の亀井勝一郎氏は、「太宰治全集第四巻」(筑摩書房、一九五六年)の「月報4」への寄稿で「彼がどうしてこの地を選んだか理由はきかなかったが、多分偶然であったろう」と述べている。

太宰一家はその後、一九四五年(昭和二十年)に自宅周辺が空襲に遭ったため美知子氏の実家のある甲府に移り、さらに太宰氏の故郷の青森県に疎開した。三鷹に戻ったのは戦後の一九四六年（昭和二十一年）十一月である。太宰氏の書簡集を見ると、青森県から戻るときに三鷹以外の土地に移ることも考えていたことがうかがえる。

疎開先の青森県金木町から一九四六年（昭和二十一年）一月十五日に井伏鱒二氏に宛てた書簡では「私はこんどは小田原か三島あの辺の田舎に小さい家を借りて定住しようかと思っています」と伝えている。また同月二十五日に弟子の堤重久氏に宛てた書簡も「こちらは浪々転々し、とうとう生まれた家へ来ましたが、今年の夏までには、小田原、三島、または京都なんて考えている」と書き送っている。

太宰氏と深い関係になり、後に小説「斜陽」の下敷きとなる日記を書いた太田静子氏は当時、神奈川県足柄下郡下曾我村（現小田原市）に住んでいた。太宰氏が転居先として「小田原」や「三島」を候補に挙げたのは、太田氏のことが頭にあったからだろうか。しかし実際に落ち着いたのは美知子夫人と住み慣れた三鷹の家だった。

富栄氏の決意

そして太宰一家が三鷹に戻ったのと同じ十一月に、山崎富栄氏が三鷹に越して来た。もし太宰氏が甲府からの転居の際に、国分寺か他の土地で条件の合う貸家を先に見つけていたら、あるいはもし戦後疎開先の津軽から戻るときに三鷹以外の土地に移っていたら、その後の二人の運命はどうなっていたかと思わずにいられない。

山崎富栄氏の経歴やその心情をつづった日記の内容は、先に触れた長篠康一郎氏の「山崎富栄の生涯：太宰治・その死と真実」、それに「愛は死と共に：太宰治との愛の遺稿集新訂版」（山崎富栄著、長篠康一郎編、虎見書房、一九六八年）に詳しいので、これらに基づいて紹介させていただく。

富栄氏は日本初の美容学校である「東京婦人美髪美容学校」（通称・お茶の水美容学校）を創設した山崎晴弘氏とその妻、信子氏の間に末娘として生まれた。兄三人と姉一人がいた。二十六歳になった一九四四年（昭和十九年）十二月に三井物産社員の奥名修一氏と結婚式を挙げるが、夫はほどなく転勤したマニラで現地召集され戦死した。妻が夫の戦死を知るのは戦後である。

東京・本郷に山崎晴弘氏が建てた美容学校は地上三階、地下二階の頑丈な鉄筋コンクリートづくりだったため戦時下になると政府に接収され、新たに建てた木造校舎も一九四五年（昭和二十年）三月の東京空襲で全焼。山崎一家は四月に本郷から信子氏の縁のある滋賀県八日市町に疎開した。

山崎富栄氏は戦争が終わると、一九四六年（昭和二十一年）四月に鎌倉で義姉らとともに美容院の共同経営に加わった。しかし同年十一月には三鷹に移り、駅前の「ミタカ美粧院」で働き始めた。お茶の水美容学校の卒業生で、富栄氏より五歳年長の塚本サキ氏が経営していた美容院である。

父母から美容学校の後継者として再建を期待されていた富栄氏は、父を恩師と仰ぐ塚本氏の下で働くことになった。住まいも塚本氏の知り合いの野川アヤノ氏の住宅の二階の六畳間を借りた。富栄氏が三鷹に住むに当たって鍵となる役割を果たしたのが塚本氏だった。野川家の前の通りを北に数十メートル行けば玉川上水の堤に突き当たる。太宰治氏の最後の仕事場の一つだった小料理屋「千草」は野川家のはす向かいにあった。

富栄氏は三鷹に移ってから四カ月後の一九四七年（昭和二十二年）三月下旬にミタカ美粧院の同僚美容師、今野貞子氏を通じてうどん屋の屋台で太宰氏と知り合った。弘前高等学校出身の作家がいると今野氏から聞き、同窓である亡き次兄について知っているかもしれないと紹介を頼んだという。富栄氏が太宰氏と深く交際するようになると、塚本氏は立場上、苦言を呈したこともあったようだ。塚本氏の下で働くことに富栄氏が息苦しさを感じていたこともうかがえる。同年六月十日の富栄氏の日記には以下のように記されている。「苦労しています。三鷹では生まれてはじめての苦労でした。あの、つらい塚本さんの雰囲気。私にはお上手など言えません。よく勤めていられるなどと驚かないでください。思い出すと泣けてくるのです」「私が死んだら一言の挨拶も塚本さんにはいりません。義理も十分果たしてありますし、教養のない主人に使われる人間の、また、何と可哀想なこと」。

さらに続けて「貴方を知らないでいたのなら、もう、ずっと昔に、三鷹を離れておりましたものを。貴方の知らない苦しみを味わって……」とも記し、太宰氏と巡り合わなければ、塚本氏の美容室を辞めて三鷹を去っていたかもしれない気持ちを吐露している。

塚本氏は従業員の今野氏から富栄氏の行動を注意するよう頼まれ、校長から預かった大切な富栄氏にそれとなく注意を促したが、校長の娘という強い自負のあった富栄氏には、些細《ささい》なことでもひどい屈辱の言葉のように思えたと、「山崎富栄の生涯・太宰治・その死と真実」の中で長篠氏は指摘している。

同年十一月二十日に富栄氏が日記に残した父母宛ての手紙の下書きと思われる文章には、「同じ夢を抱いて歩んでいた二人のひとが、一つの道でやっとめぐり逢ったということが世の中にはあることなのではありませんかしら。そして、それが社会的には全面的にうけいれられないのものであっても」とつづられ、十一月から美容院の仕事を辞めたことを打ち明けている。三鷹の職場が肌に合わなかったのに加え、太宰氏と出会ったことによって、それまで築いてきた職業人としての実績も捨てる決意をしたのだった。

「三鷹駅前60年史」（三鷹駅前銀座商店会、一九八九年）によれば、塚本氏が美容院を開業したのは一九三二年（昭和七年）。山崎富栄氏が三鷹に来る十五年前である。夫の戦死後はひとりで事業を切り盛りし、一九七八年（昭和五十三年）に東京都美容環境衛生同業組合（現東京都美容生活衛生同業組合）の理事長を務めた。女性の社会進出の象徴的存在だったといい、一九八六年（昭和六十一年）に勲五等瑞宝章を受章している。

塚本氏は、三鷹市の禅林寺で太宰治氏の墓とはす向かいに立つ塚本家の墓に埋葬されている。一方の山崎富栄氏は文京区の永泉寺にある山崎家の墓に眠っている。

二人が見た玉川上水

太宰治氏と山崎富栄氏は同じ三鷹の空気を吸っていたものの、玉川上水に抱くイメージは異なっていたかもしれない。山崎氏が残した日記には太宰氏との死を覚悟した記述はあるが、玉川上水を死にいざなう川として意識していたかどうかははっきりと読み取れない。例えば、一九四七年（昭和二十二年）十一月二十九日の日記には太宰氏が玉川上水沿いを歩く姿を描写して「上水の道を歩くお姿は、軍靴が重そう。微風にさえも向かえないような、やるせない感じでした」と書いている。玉川上水は背景である。

また翌年二月九日の日記には知人宛ての手紙の下書きとみられる文章が残されているが、そこには「玉川上水の堤のあちらこちらから、可愛い芽生えが感じられて、厳しい冬の名残りもあとわずかに思われます」とあり、土手の季節の移り変わりに希望を見いだしているようにさえ感じられる。

もちろん残された日記だけで山崎氏の心の中は推測できないが、過去に心中や自殺を何度も企てたことのある太宰氏の場合は、その作品や知人への発言で玉川上水と死をはっきりと結び付けていた。

小説「乞食学生」は、太宰氏が初めて三鷹に転居した翌年の一九四〇年（昭和十五年）に文芸雑誌「若草」に連載した作品である。主人公である作家が玉川上水の流れに沿って歩く描写の中で「この辺で、むかし松本訓導という優しい先生が、教え子を救おうとして、かえって自分が溺死なされた。川幅は、こんなに狭いが、ひどく深く、流れの力も強いという話である。この土地の人は、この川を、人喰い川と呼んで、恐怖している」とある。

太宰氏の友人、山岸外史氏は「人間太宰治」（筑摩書房、一九六二年）で、玉川上水の桜並木を「何十遍も」冗談を言いながら太宰氏と歩いたことを振り返っている。それによれば、太宰氏は散歩の途中で何回か、「この川に投身したものの死骸は、絶対に揚がらない」「死体が沢山沈んでいるのだ」と語ったという。

太宰氏は、「この絶壁の水面下は、潜航艇の腹のように水勢で抉《えぐ》られているんだ」と言い、手をのばしてもつかむものはなく、その湾曲している斜面に吸いよせられて、「泳ぐことさえできないのだ」「水底には大きな穴があいていたり、大木の切り株や根が沈んでいて」「それまでに飛込んだ遺体は、おそらく白骨になってからまっているのだ」などと話したという。太宰氏は川の性質を十分に知っていたのだと山岸氏は述懐している。

さらに太宰氏の弟子だった堤重久氏は「太宰治との七年間」（筑摩書房、一九六九年）で、太宰氏が亡くなる半年前の一九四七年（昭和二十二年）暮れに下連雀の太宰氏宅から三鷹駅に向かって二人で歩く途中の会話を次のように書き残している。京都在住の堤氏が十日間ほどの三鷹滞在を終える最終日の十二月三十日のことである。

「しばらく歩いて玉川上水縁《ふち》に来たとき、疲れた、ひと休みしようや、といって、太宰さんは、浄水の土手の叢《くさむら》の上に出て、腰を下ろした。しかし、すぐに犬のように四つんばいになったかと思うと、その胸を完全に草の中に埋めてしまって、打伏せの姿勢になった」。堤氏が「先生、どうされましたか」と聞くと、太宰氏は首だけ流れの上に突き出して、轟轟《ごうごう》と泡立つ流水を凝視しながら、わずかに笑ってこうつぶやいたという。

「あの段になって落込むところで、水滴が無数に飛び散っているだろ。その一滴一滴を見つめているのさ。一滴一滴が、小さな人間に見えるんだ。みんなそれぞれに慌《あわ》てふためいて、空中に飛び上がっては、また水に落ちてゆく。ユーモラスだね」。太宰氏は人生のはかなさを水滴に重ね合わせていたのだろうか。

太宰氏と山崎氏の入水場所近くの歩道には現在青森県金木町産の「玉鹿石《ぎょっかせき》」が置かれているが、その近くの水路をのぞき込むと今も小さな堰のようなコンクリートの構造物が残っている。太宰氏が見つめていたのはそこで跳ねていた水滴だったかもしれない。

山崎氏と親密になった太宰氏には既に美知子夫人との間に三人の子があり、一九四七年（昭和二十二年）十一月には愛人の太田静子氏にも子が生まれた。太宰氏が求められて「治子」という命名書をしたためて静子氏の弟の太田通氏に手渡したのは、山崎富栄氏の部屋での出来事だった。

心中がいよいよ翌月に迫る一九四八年（昭和二十三年）五月十六日の山崎氏の日記には、太宰氏と二人で玉川上水沿いを並んで歩いているところを美知子夫人に目撃されたのに二人とも気付かず、太宰氏が帰宅後に美知子夫人からあの女性は誰かと強く叱責され狼狽したことが記されている。

さらに山崎氏の五月二十二日の日記には、太宰氏がファンレターをもらった女子大生に恋していることを打ち明けられてショックを受け、「女子大生のひとには、伊豆（引用者注：太田静子氏のこと）に子供のあることも言っていない。私ひとりきりなのだ。修治さん、結局は、女は自分が最後の女であれば……と願っているのですね。頬を打ち合い、唇をかみ合い——。」と自分に言い聞かせるような言葉を残している。

太宰氏は外形的には女性関係で自縄自縛に陥っていたように見える。仕事上では文壇からの評価が低いことを恨む作品を発表して有力者を敵に回していた。持病の結核の悪化で身体の衰弱も著しく、八方ふさがりに陥っていた。そんな太宰氏のすべてを受け止めようと、献身的に尽くしていたのが山崎富栄氏だった。

一九四八年（昭和二十三年）六月十三日夜、二人は三鷹駅から三百メートル余り下流の玉川上水の南側土手から入水した。富栄氏の部屋に二人の遺書があった。太宰氏の担当編集者の一人だった野原一夫氏の「回想　太宰治」（新潮社、一九八〇年）によれば、玉川上水の下流にある久我山水衛所の鉄柵に男女の下駄が片方ずつ引っ掛かっているのが発見され、男物は太宰氏、女物は富栄氏のものだと確認された。久我山水衛所は二人の入水場所から水路で三キロ半ほど下流にある。

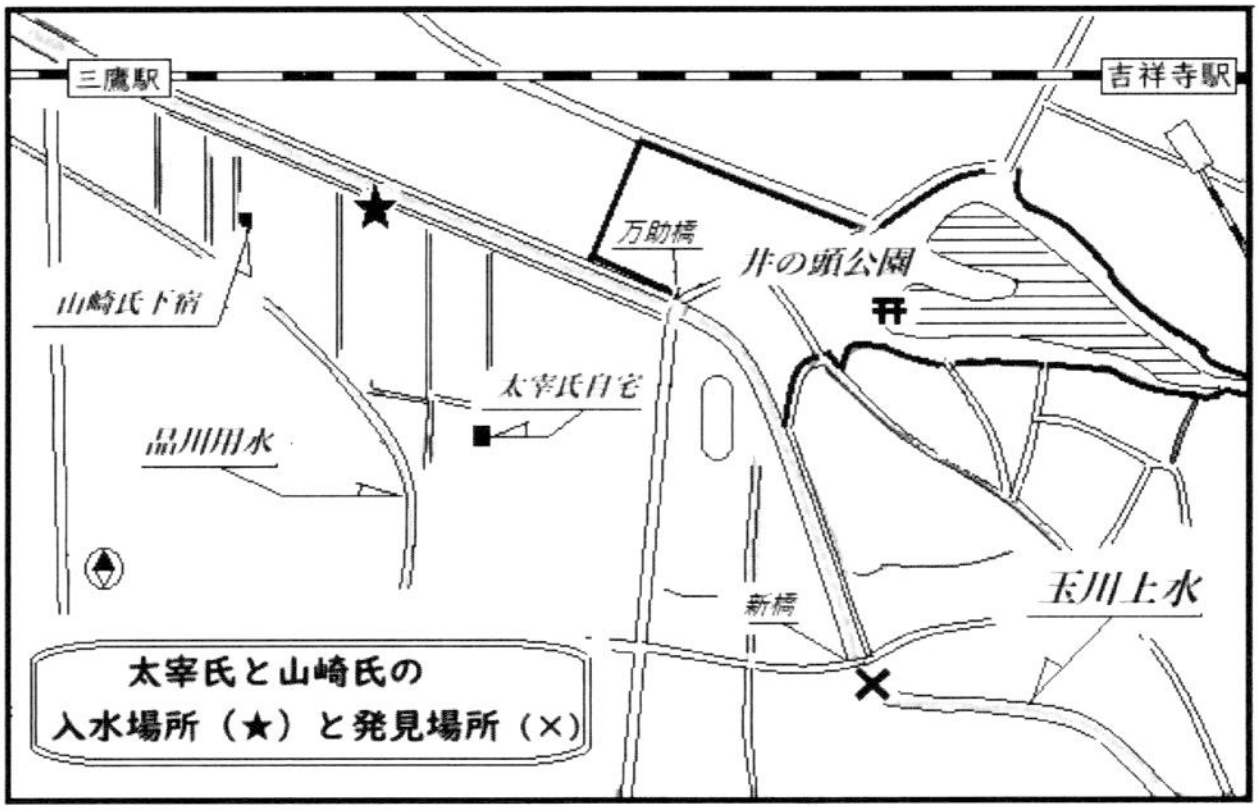

太宰氏と山崎氏の入水場所と発見場所

「今昔マップ on the web」（首都圏 1944 ～ 1954 年）より作成

捜索の末、お互いを赤い紐で結び合った二人の遺体が発見されたのは、投身場所から一キロ半ほど下流の「新橋」の下流側で、入水から六日後の十九日、太宰氏の三十九回目の誕生日のことだった。「回想　太宰治」によれば、赤い紐は現場に駆け付けた野原氏ら編集者三人のうちのいずれかが現場で切った。野原氏は「私たちには、富栄さんへの憎しみがあったかもしれない。太宰さんを奪《と》られてしまったという憎しみが。紐などで結ばせておくものか、そんな怒りにも似た気持ちも、なかったとはいえない」と打ち明けている。

二人の検視は太宰氏が仕事場の一つとしていた小料理屋「千草」の土間で行われた。立ち会った一人の野原氏は「回想　太宰治」で「その検視の模様について詳述する興味は、私にはない。ただ、太宰さんの死顔、それだけを書いておきたいと思う」として、「おどろくほど、おだやかだった。深い静かな眠りに入っているように瞼《まぶた》をとじ、口をこころもちあけ、その口もとは、そう、たしかに、ほのかな微笑がうかんでいた」と述べている。

やはり検視に立ち会っていた太宰氏の友人の山岸外史氏は「人間太宰治」にその模様を見たまま書き残している。それによれば、山崎氏は「水中で死ぬまで苦しんでいった人間の、これ以上ない驚愕と恐怖とをあますところなくみせていた」のに対し、太宰氏は「驚いていいいくらい平静」で、「唇の影には、ほのかな微笑さえ浮んでいた」という。

三鷹駅南口を西に五百メートルほど行くと、太宰氏が気に入っていた中央線の跨線橋《こせんきょう》があった。踏み面の幅の狭い小刻みなコンクリートの階段を上り、橋の上から西の方を見ると、地上には三鷹車両基地の線路が見事な幾何学模様を作り、視線を上げれば広い空と遠い景色を望むことができた。

逆に駅から東南方向に流れる玉川上水に沿って進むと、堤は木々や草に覆われ、視線の下には薄暗い底を水が静かに流れている。太宰治氏はこの対照的な眺めを何度も見たことだろう。跨線橋から見える明るく広がる空よりも、深く暗く流れる玉川上水の引力の方に太宰氏は吸い寄せられ、山崎富栄氏もその重力に身を任せた。

実生活に無頓着だったと思われる太宰氏が、何とか自力で見つけた貸家はたまたま三鷹にあった。一方、美容学校の後継が約束されていた山崎富栄氏は、戦火で実家を追われた末に美容師として出直そうと父親の縁で再スタートを切った土地が三鷹だった。まったく異なる事情で偶然同じ町に住んだ二人は必然だったかのように惹《ひ》かれ合い、あたかもブラックホールのように二人を待ち構えていた玉川上水にあっという間に呑み込まれた。

二人が流された水路はその二十九年前に殉職した松本虎雄氏が流された区間と一部重なる。玉川上水はこの事件で死の川のイメージが一段と強まり、その後もこの辺りの水路に身を投げる人たちが絶えなかった。

三鷹駅近くにあった跨線橋の上から西方面を望む
(2023年5月5日撮影)

第三章　航空自衛隊幹部の死と軍都

自殺の背景

第二次世界大戦は多くの人々の命を奪い、生き残った人々の運命を変えた。太宰治氏や山崎富栄氏の人生も戦争に翻弄《ほんろう》された。戦後になると、日本は日米安全保障条約の下で急速な経済発展を遂げ、生活に新たな希望を持てる人も増えた。しかし、玉川上水での悲劇は一九六四年（昭和三十九年）の東京五輪が終わっても幕を閉じることはなかった。

「もはや戦後ではない」と経済白書がうたってから十二年。一九六八年（昭和四十三年）に、東京都小平市を流れる玉川上水脇の用水路で航空自衛隊の高級幹部が遺体で見つかった。東西冷戦下で日本の防衛力の強化が進む中、軍需ビジネスの闇が時折顔をのぞかせることがあったが、玉川上水を舞台にしたこの幹部の死もそれが垣間見える謎めいた出来事だった。

同年三月五日付の読売新聞夕刊によれば、同日朝、小平市学園西町で玉川上水に並行して流れる農業用水路に男性の水死体が浮かんでいるのを、登校途中の小平市立第四中学校の生徒が発見した。遺体は山口二三《じぞう》空将補（五三）で、前日の午後七時すぎに所沢の同僚のところに行くと言って自宅を出たまま行方不明になっていた。

現場から直線距離で五百メートルほど離れた自宅で遺書が発見され、上司である航空幕僚長宛てに「私の不明不徳、誠に申し訳なく、一死以てお詫び申し上げます」とあり、家族宛てには「迷惑をかけてすまなかった」などと書かれていたという。翌六日付の同紙朝刊の続報によれば、司法解剖の結果、死因は多量の水を飲んだための溺死で、胃の内容物から薬物とみられる白い粉末が検出されたという。

　玉川上水の本流に身投げしたわけではなかったが、最期の場所を求めて玉川上水に足を向けたのだった。

　自殺の原因とされたのは、山口氏が主導していた航空機などの探知、識別を自動的に

山口二三空将補

山口氏が発見された場所

「今昔マップ on the web」（首都圏 1965 ～ 1968 年）より作成

行う「バッジシステム」建設計画の秘密漏えい事件である。部下だった川崎健吉一等空佐がその計画を受注メーカーの米ヒューズ社に漏らした容疑で三日前に逮捕されていた。

山口氏の突然の死は当日の参院法務委員会で早速取り上げられた。国会議事録に残る増田甲子七《かねしち》防衛庁長官の答弁によれば、山口氏は自殺前日の三月四日に上司である航空幕僚長の大室孟《つとむ》空将に面会し、部下の監督責任などを理由に退職を申し出たが、自重を促されていた。一方で四日夜に山口氏が自宅を出た直後に警務隊から自宅に電話があり、山口氏が翌日に背広を着て東京地検へ出頭するよう妻に伝えられたという。

航空自衛隊幹部学校幹部会の刊行物である「鵬友」は、山口氏の死から半世紀以上たった二〇二四年四月号に同氏の功績を特集した「航空自衛隊リーダー列伝⑥」（山口嘉大著、以下「列伝」）を十五ページにわたって掲載した。それによれば、山口氏は一九四三年（昭和十八年）に陸軍大学校を成績優秀な「恩賜の軍刀組」として卒業し、一九五四年（昭和二十九年）に航空自衛隊に入隊、航空幕僚監部（空幕）防衛課長や同バッジ室長などを歴任していた。

「列伝」によれば、初代バッジシステムは、レーダーサイトと防空指令所の間をデータ接続し、それまで手動で行われていた航空警戒管制を自動化するもので、情報通信やコンピューターの技術が充分に発達していない中、レーダーや計算機、通信機器、各種処理装置、表示装置を相互に連接して構築することが求められた。この巨大システム構築の難事業に山口氏は固い決意と責任感を持って当たり、あらゆる場面で自ら陣頭指揮したという。

また防衛課長時代の山口氏は、他の部課が起こした不備が空幕全般の施策や防衛課の業務に影響を及ぼすような事態が起きたとしても、その部課に対して責任を追及するようなことは一切戒め、むしろ進んで防衛課の責任として対処したと、「列伝」には記されている。

部下の監督責任を理由に辞職を決意し、さらに自らの命を断ったのは、そうした姿勢を貫いた結果だったのだろうか。

新堀用水

山口氏の遺体が見つかった水路の名称は「新堀用水」という。一八七〇年（明治三年）に玉川上水の北側に並行して開削された。これにより現在の小平市内を流れる玉川上水北側の八つの分水（野火止、小川、大沼田、野中、田無、鈴木、関野、千川）の取水口が新堀用水に統合された。

「小平市史概要版　小平の歴史」（二〇一五年）によれば、この分水口統合の目的は、村々が規定以上の水を玉川上水から引くことを防止し、東京への送水量を維持・確保することにあったという。これはちょうど同じ年の四月に始まった玉川上水の通船事業を円滑化する役割も果たした。本流からの分水口を減らし水量を安定的に維持できれば、船の運航も円滑になるからだ。

前掲書によれば、玉川上水を通って船で東京へ運ばれた荷物は、砂利、野菜、茶、織物、薪《まき》、炭のほか、甲州や信州のぶどう、たばこなどで、東京からは米、塩、魚類などが多摩地域に運ばれていた。復路は流れに逆らうため、船頭一人と船子二人が引っ張っていたという。

しかしこの通船事業も、上水の水質悪化のため一八七二年（明治五年）五月にあっけなく廃止される。運航期間はわずか二年一カ月間だった。江戸時代には通船願いがことごとく退けられていた経緯があり、明治時代になって突如許可されたのは、明治維新の混乱が生んだアクシデントだったという見方もある。

物流の動脈としての期待から通船再開の要望も強かったが、船が再び上水を行き来することはなかった。時代の変化は速い。多摩地域と都心を結ぶ動脈の役割は鉄道に移る。玉川上水の通船禁止から十七年後の一八八九年（明治二十二年）四月十一日、新宿―立川間に甲武鉄道（現在の中央線）が開通し、多摩発展の牽引役《けんいん》となる。

中央線開通後の多摩地域の風景をがらりと変えたのが、軍事施設や関連工場の進出だった。一九二二年（大正十一年）に陸軍立川飛行場が開設されたのを手始めに、中央線を軸とした多摩地域は次第に軍都としての性格を強めていった。戦後にバッジシステムの運用を担う航空自衛隊府中基地が府中市に置かれたのも、そうした時代の流れの結果である。

航空自衛隊府中基地はもともと陸軍燃料廠《しょう》があった場所に立地した。航空自衛隊のウェブサイトによれば、陸軍燃料廠は国産プラント建設のため十五人の技術将校が一九四〇年（昭和十五年）に府中に移駐したのが始まりで、航空燃料などの供給確保を狙ったが、技術開発の遅れなどから成果は一部にとどまった。敗戦後はここに米空軍府中基地が置かれ、一九五七年（昭和三十二年）に航空自衛隊府中基地が併設された。

米空軍府中基地は一九七五年（昭和五十年）に日本に全面返還され、航空自衛隊府中基地はそのままバッジシステムなどを通じて日本の防空を指揮する航空総隊司令部の拠点として機能した。航空総隊司令部は二〇〇六年に成立した在日米軍再編に関する日米合意に基づき、二〇一二年に米軍横田基地内に移転する一方、府中の航空自衛隊基地自体は今も存続している。軍都多摩の歴史に目を凝らすと、新堀用水と山口空将補をつなぐ糸が透けて見える。

津田塾の門標紛失事件

中央線開通がもたらした多摩地域の劇的な変化はほかにも多くある。一橋大学や津田塾大学などの都心からの移転もその一つである。当時「東京商科大学」だった一橋大学は本校が一九三〇年（昭和五年）に現国立市に、予科が一九三三年（昭和八年）に現小平市にそれぞれ移り、津田塾大学の前身「女子英学塾」も一九三一年（昭和六年）に現小平市に移転した。

郊外への移転で学究のための静かな環境を求めたのである。東京商科大予科と女子英学塾は玉川上水の北岸に一キロにも満たない間隔で立地した。戦後、両校は一橋大学小平分校および津田塾大学となり、両大学を繋ぐ玉川上水沿いの土手の道は学生たちの間で「ラバーズレーン」（恋人たちの小径）というロマンチックな名で呼ばれた頃もあった。

しかし、太平洋戦争中は校舎を軍に貸与したり大学内で軍事部品を生産したりして、両大学とも軍都の色に塗り潰されていた。一九六〇年（昭和三十五年）に発行された「津田塾六十年史」にはそんな当時の雰囲気を伝える卒業生の回想が載っている。一九四四年（昭和十九年）に入学し、卒業後旧労働省から政治家に転じて官房長官や法相を歴任した森山真弓氏（旧姓古川）もその一人である。

同氏の回想によれば、入学式で当時の塾長の星野あい氏が単刀直入に「よく勉強してください」と訓辞したのが非常に印象的だったという。当時女学生は「良妻賢母とか銃後の護《まも》り」といった精神訓話ばかり聞かされていたからである。ただ現実には「雨天体操場や学生ホールの学校工場で日立製作所から運んできた飛行機の部品を作る作業」が一日二時間ほどあり、それが次第に延びて「一年生の後半には一日中作業ばかり」になっていったという。

そんな時代に津田塾と軍部との間で一触即発の事態が発生した。いわゆる「門標紛失事件」である。戦争末期の一九四五年（昭和二十年）五月、東部第九二部隊の宿舎として校舎の貸与が始まったときのことだ。

「小平市史概要版　小平の歴史」によれば、東部第九二部隊とは、多摩陸軍技術研究所（現小金井市・小平市）で研究・開発されていたレーダーなどの電波兵器を実戦使用する際に必要な要員を養成する機関として編成された「多摩陸軍技術研究所電波兵器練習部」の通称で、本部は東京商科大予科にあった。「津田塾六十年史」には「事件」のてん末が概ね次のように記録されている。

東部第九二部隊は五月六日、校舎貸与の正式な契約書も作らないうちに大学に到着、部隊の門標を正門の左右に掲げるとともに、右側にあった塾の標札を取り外した。

これに憤った英文科最上級生四人が深夜に部隊の門標を外して玉川上水に流した。翌日、事態が発覚すると軍は並々ならぬ騒ぎとなり、軍法会議にかけるという声まで出た。事件をひそかに痛快がっていた生徒たちにも動揺が広がった。結局、事件から三日目に星野塾長の訴えに応じて四人が名乗り出た。

星野塾長は鉄かぶとを背中に同部隊本部に出向き、「生徒の不始末を責任者としてあやまるとともに、軍の門標は片側のみにしてほしい、事件の起ったそもそもの原因は軍が塾の標札をとりはずしたことにあるのだからと条理をつくして話した」という。その結果、塾長の願いは受け入れられ、四人の処分は塾長宛てに始末書を書くだけで穏便に済んだ。

戦況が追いつめられる中でいきり立った軍部が、素朴な行動に走った学生たちに拳を振り上げかけたエピソードである。

「津田塾六十年史」によると、女学生が流した門標が発見されたのは「玉川上水を少し下流にくだったところの堰」なので、現在の小川水衛所跡の芥留《あくたどめ》の柵だったとみられる。ここは津田塾大学から後の「ラバーズレーン」を一キロ弱下った辺り、かつて東部第九二部隊の本部が置かれていた東京商科大予科（現一橋大小平国際キャンパス）のすぐ裏手である。二十年余り後に山口空将補の遺体が発見されたのは、その目と鼻の先だ。

東部第九二部隊は電波兵器要員の養成機関だったが、当時の日本の防空レーダーは立ち遅れていた。「防衛研究所紀要」第十五巻第一号（二〇一二年）に掲載された論文「航空警戒管制組織の形成と航空自衛隊への移管―同盟における相剋」(岡田志津枝著)によると、防空システムに大きな変化をもたらしたのは戦後の米国による占領であり、「旧日本軍が遂に完成することのできなかったレーダー網と通信システムによる航空警戒管制組織が在日米空軍の手によって構築されたのである」。

進駐した米空軍が日本各地に建設したレーダーサイトは後に日本側に移管され、山口氏が導入に奮闘した「バッジシステム」に組み込まれた。「バッジシステム」はその後「ジャッジシステム」として高度化され、現在のミサイル防衛体制などを支えている。

山口氏の自殺にはバッジシステム建設計画の秘密漏えい事件のほかに、もう一つ気になる背景があった。次期主力戦闘機（第二次FX）選定を巡る動きである。山口氏は航空幕僚監部防衛部長としてこの機種選定問題にも関係があった。

巨額な利権が絡む主力戦闘機の受注合戦は熾烈《しれつ》で、一九五九年（昭和三十四年）の第一次FX選定の際には、いったん内定していたグラマンF11F―1Fが土壇場でロッキードF104にひっくり返された経緯がある。このときは後にロッキード事件で有名になる児玉誉士夫氏が動いたことが知られている。

児玉氏は、戦時中に「児玉機関」を設立し、日本軍のために中国などで物資を調達。戦後は豊富な資金で政界に影響力を発揮して黒幕と呼ばれ、ロッキード社のエージェントとしても活動した。第二次FX選定も張り詰めた空気の中で進められていた。

山口氏の自殺を報じた一九六八年（昭和四十三年）三月五日付の読売新聞夕刊は、兵機器の受注合戦の激化を伝える関連記事の中で、FX機種選定の参考にするため米国に派遣した調査団がまとめた報告書がある商社に漏れたため、山口氏が機密管理保全の責任で始末書を取られたという噂が、防衛庁内の一部でささやかれていたと伝えた。

同六日付の同紙朝刊の続報によると、当時の小幡久男防衛事務次官は記者会見で山口氏が始末書を出したという噂を否定し、「ＦＸ問題がこんどの自殺に関係しているとは思わない。川崎一佐の上司として、二年間いっしょに仕事した関係から責任を感じたのだろう」と述べたという。

しかし、ＦＸ選定を巡る疑問は尾を引く。山口氏自殺から八年後の一九七六年（昭和五一年）に出版された「疑獄―戦後構造汚職のすべて」（読売新聞社社会部編、三笠書房）は、山口氏の妻の以下のような発言を伝えている。

「前年十月、ナイキ・ホーク開発費問題で、装備局長森田三喜男さんが自殺した時、主人は『オレはあのくらいのことでは死なないよ』と言っていた。だから自殺した裏には、よほどつらい事情があったんだと思うけど、それが川崎さんのことだったかほかのことだったのか、私にはわかりません。ただ遺書の『不明不徳』の文字を見ると、主人にさえはっきりしないことがあったのでは…」。

ナイキ・ホーク開発費問題とは、米軍の地対空ミサイルである「ナイキ」と「ホーク」の国産化に当たって、米国側に支払う開発分担金の扱いだった。通産省（現経済産業省）

から防衛庁に出向した森田氏が米側との交渉に当たっていたが、一九六七年（昭和四二年）十月七日、西武池袋線の池袋―椎名町間の踏切で自ら命を断った。

翌八日付の読売新聞朝刊によれば、森田氏の防衛庁次官宛ての遺書には「逆の結論に合意してしまいました。私の不明をわびます」という言葉が残されていたものの、自殺の理由は謎だったという。

当時、森田氏の部下の装備局管理課長でやはり通産省から出向していた生田豊朗《いくたとよあき》氏は森田氏自殺から二年後に「森田さんと防衛庁」と題する随想を「通産ジャーナル」第三巻第二号（一九六九年）に寄せている。それによれば、国産化のうちナイキについては「それほどの問題はなかった」が、ホークについては「メーカー間の過当競争がいわゆる『黒い霧』事件を呼び、物情騒然たるものがあった」と振り返っている。

森田氏は政官財を巻き込んだ受注合戦に疲弊していたのかもしれない。経団連が一九六七年十月三十日付で発行した「防衛生産委員会特報」一一三号の記事によれば、森田氏は亡くなる前日の同月六日に経団連防衛生産委員会の防衛装備国産化懇談会総会に出席し、三次防計画について説明していた。

その中で森田氏は、「業界の皆様方にぜひとも要望しておきたいと思うのは」と前置きした上で、「装備の受注をめぐって各社、各グループが徒《いたず》らな競争に走ることなく、相協調して秩序ある〝技術的伸長〟および〝発展〟を目指してほしいという点であります」「くれぐれも極端な競争に走ることのないよう要望いたします」と行き過ぎた受注合戦の自制を求めていた。

記事には事務局の追記が挿入されており、森田氏がこの説明をした翌朝に急逝したことに触れて、「業界における過激な競争をいましめるお言葉が、あたかも遺言のような形となりました」と記している。

生田氏は先の寄稿で「本省（庁）の局長が仕事の行き詰まりから自殺したというのは空前のことである」と述べている。森田氏の自殺について、「あのくらいのことでは死なないよ」と語っていたという山口氏。妻が「よほどつらい事情」があったのだろうという重圧とは、何だったのだろうか。

バッジシステムの情報漏えい容疑で逮捕された川崎氏は「疑獄―戦後構造汚職のすべて」のインタビューで山口氏の自殺の理由について、「真相は分からないが」と前置きした上で川崎氏逮捕の責任を取ったという見方に疑問を呈し、裏に何かあったとすればＦＸだと指摘。「（昭和）四十二年から第二次ＦＸ選定を巡る売り込みは本格化していた。メーカーも政治家も、相手を追い落とそうとするのは当たり前で、そのために躍起になっていた」と述べている。

第二次FXは、山口氏が亡くなってから八カ月後の一九六八年（昭和四十三年）十一月に、マクダネル・ダグラス社の「F―4Eファントム」に決まった。ロッキードF104の発展型であるCL1010も対抗馬の一つだったが、本命とされていたファントムが下馬評通り受注を勝ち取った。「疑獄―戦後構造汚職のすべて」によれば、第一次FX選定の際に逆転劇を実現させた児玉誉士夫氏は、第二次FX決定の一カ月後に「機種選定に誤りはなかったか」と政府宛てに公開質問状を出していたという。

このときの選定の闇が白日の下にさらされるのは十年後の一九七八年（昭和五十三年）のことだ。いわゆる「ダグラス・グラマン事件」である。捜査の過程で、F―4Eファントムを売り込むため代理店である日商岩井の海部八郎副社長を通じて巨額のカネが政界に渡っていたことが分かった。松野頼三元防衛庁長官は億単位の金額を受領していたことを国会で認め、岸信介元首相への働き掛けがあったことも表面化したが、時効などの壁があっていずれも刑事事件にはならなかった。山口氏が亡くなったのはまさにこうした工作があった選定過程の大詰めの時期だった。

敗戦後の日本は、国際社会の勢力図が変化する中で防衛政策も変質した。米国の対日政策が、占領当初の民主化重視から冷戦時代における反共の防波堤の役割を重視するいわゆる「逆コース」に転じてから、日本の防衛力強化は加速した。その最前線で実務を担う幹部だった山口氏がさまざまな利害関係者の矢面に立っていたとしても不思議はない。

国際情勢の大局的な構図はかつての米ソ冷戦から今や米中対立へとシフトしている。この間に日本の防空は、ミサイル防衛システムの下でのいわゆる敵基地攻撃能力（反撃能力）の保有にまで発展している。一方、主力戦闘機は、F—4Eファントムからマクダネル・ダグラス社のF15、さらにロッキード・マーチン社のF—35Aなどと世代が代わり、次の機種は日英伊が共同開発す

小平市学園西町を流れる現在の新堀用水
（2023年10月26日撮影）

ることになった。新たな戦闘機は第三国への輸出も可能になるという。

山口氏がなぜ自死を決意して玉川上水に足を向けたのか。ＦＸ問題は果たして関係があったのか。安易な臆測は避けなければならない。しかし、山口氏の生涯が日本再軍備の歴史の一断面を無言で伝えていることは間違いない。氏が息を引き取った新堀用水は、かつての軍都の中央を玉川上水に寄り添って今も静かに流れている。

第四章　死の川

生活圏の足元

玉川上水は人々の生活圏を深く速く貫いていた。小川と呼べるような穏やかな水流ではなかった。落ちればあっという間に命を奪う闇が日々の暮らしの足元に口を開けていた。亡くなった人の数は計り知れない。転落事故のほか、自殺、心中、さらには殺人・死体遺棄の舞台にもなった。

読売新聞、朝日新聞、毎日新聞の記事データベースを検索すると数々のニュースが蓄積されている。子供が転落して短い命を失った事故は特に胸が痛む。今の新宿区や渋谷区の辺りでは子供の事故が頻繁に起きていたことが新聞記事から分かる。

例えば、一九一〇年（明治四十三年）七月には豊多摩郡代々幡村（現渋谷区）で十歳の少女が早朝に玉川上水で洗面していたところ水中に陥り溺死した（朝日新聞七月十九日付朝刊）。一九二七年（昭和二年）五月には淀橋町（現新宿区）の土手で草を摘んでいた七歳の少女が落ち溺死した（読売新聞五月二十九日付朝刊）。

作家の田山花袋氏は小説「時は過ぎゆく」（一九一六年、新潮社）で、現新宿区を流れていた玉川上水について、「時には土手でつばなを摘んでいた可愛い女の児が過って落ちて溺死したりした」と描写している。「宅急便」の産みの親である小倉昌男氏は一九二四年（大正十三年）生まれだが、兄が京王線初台駅の近くの家の前を流れる玉川上水に落ちて死亡したことを「経営はロマンだ！：私の履歴書」（日経ビジネス文庫、二〇〇三年）で明かしている。

下流部の水路が埋め立てられた後も、上中流域では転落死が相次いだ。例えば、一九五三年（昭和二十八年）十一月には杉並区下高井戸で四歳の男の子が自宅裏の玉川上水土手で日向ぼっこをしているうち足を滑らせて転落（毎日新聞十一月二十九日付夕刊）。一九六一年（昭和三十六年）六月には小金井市桜町の五歳の男の子が遊んでいて転落（読売新聞六月二十一日付朝刊）。一九六七年（昭和四十二年）四月には昭島市の四歳と二歳の兄弟が転落した（読売新聞四月九日付朝刊）。

心中事件は江戸時代からあった。現在の新宿一丁目から三丁目の辺りに開かれた宿場町である内藤新宿には、旅籠《はたご》屋などが多く立ち並び食売女《めしうりおんな》も置かれた。そこで出会った男女が玉川上水に身を投げることがあった。

新宿二丁目の靖国通り沿いで繁華街のビルに挟まれた成覚寺《じょうかくじ》にひっそりとたたずむ「旭地蔵」にはその記憶が刻まれている。新宿教育委員会による説明板によれば、戒名が記されている十八人は一八〇〇年（寛政十二年）から一八一三年（文化十年）に宿場内で不慮の死を遂げた人達で、そのうちの七組の男女はなさぬ仲を悲しんで心中した遊女と客達であると思われるという。この地蔵はもともと新宿四丁目辺りの玉川上水の北岸に建てられていたが、一八七九年（明治十二年）に道路拡張のため成覚寺に移された。

男女の心中は明治時代以降も絶えなかった。例えば、一八九九年（明治三十二年）八月には北多摩郡小平村（現小平市）で四十九歳の男性と二十二歳の女性が心中した（八月十三日付読売新聞朝刊）。

一九一一年（明治四十四年）十一月には現杉並区の高井戸村久我山で三十歳前後の男性と二十歳前後の女性が紐で互いの胴体を巻き締めて死亡しているのが見つかった（十一月二十二付朝日新聞朝刊）。紐で結び合って入水した太宰治氏と山崎富栄氏はこの事件を知っていたのだろうか。

昭和時代は母子の心中が目立つようになる。読売、朝日、毎日の各紙の報道を総合すると、一九四九年（昭和二十四年）から一九五六年（昭和三十一年）までに少なくとも九件の母子の飛び込み心中があった。母親は二十代から三十代で、子供一人を抱いて飛び込んだ場合もあれば、複数の子を道連れにしたケースもある。動機は生活苦や夫との言い争いなどが伝えられている。母子心中には当時の社会や家庭での女性の立場の弱さが反映されているのかもしれない。

単独で身投げした人の数は計り知れない。性別は問わず、年齢、職業なども千差万別である。玉川上水で亡くなる人がいつまでも絶えることなく、それが死の川としてのイメージを強め、最期の場所を求める人をさらに引き寄せるという負のスパイラルが生じていたのではないかと思われる。

急流

明治・大正時代の実態を知る一つの手がかりとして、羽村取水堰の日々の業務を記録した「羽村日誌」がある。東京都水道歴史館のデジタルアーカイブでは、一八六九年（明治二年）から一九二四年（大正十三年）まで五十六年間のうち四十五年間分ほどの日誌が公開されている。

日誌には羽村取水堰の玉川上水の水位などのデータや、水門や投げ渡し堰などの操作、水路の補修や工事などさまざまな記録が手書きで残されていて、その中に水死人捜索のために実施した「水切り」または「断水」と呼ばれる水門操作も記されている。それによれば、四十五年間分ほどの日誌には少なくとも百件以上の水死や溺死の記録が残っている。年間平均では二件以上になる。

取水堰の記録は捜索のために水門を操作する必要があった件数だけなので、実態はこれを上回っていたことだろう。実際、日誌には言及のない事故や自殺がこの時代の新聞報道に見られる。

昭和時代になると、玉川上水はさらに多くの人の命を奪ったようだ。一九五二年（昭和二十七年）十二月十四日付の読売新聞朝刊は、杉並区の久我山水衛所近くに「水難者慰霊碑」が建てられたことを伝える記事の中で、「高井戸署の調べでは月平均三名がこの川に身を投じ、終戦後からすでに百五、六十名が自殺している」と伝えている。戦後七年間で百五十人が死亡したとすると年間では二十人強になる。

また一九八九年（平成元年）五月に発行された「杉並風土記　下巻」（森泰樹、杉並郷土史会）は高井戸警察署の資料を引用し、管内延長六キロの水路で一九五一年（昭和二十六年）から一九六四年（昭和三十九年）までの十四年間に、毎年平均十・五体の投身自殺者の遺体処理をしたという記録を紹介、「この上水路が完成してから三百年を超えますから、どれ程多くの方が入水されたか想像できません」と記している。

玉川上水に落ちるとまず助からないと言われたのは、水位が深く水勢が強かったのが大きな理由だ。水位は川幅が狭いところでは人の背丈を超えたようだ。落ちると長い距離を流されて溺死する人が多かった。

教え子を助けようと飛び込んだ松本虎雄氏の遺体が見つかった場所は、転落現場から「二丁余」下流だったと「噫松本訓導」にある。二百メートル余り流されたことになる。太宰治氏と山崎富栄氏の入水場所から二人の遺体が見つかった新橋の下流側までの距離は、約一・五キロ近くに及んでいる。ほかの転落事故でも多くの犠牲者が数百メートル、場合によってはキロ単位で流されている。

玉川上水は自動車さえ押し流した。一九五五年（昭和三十年）十二月には三鷹市下連雀で強盗に襲われたタクシーが玉川上水に飛び込み約五十メートル流された（同十二月七日付読売新聞夕刊）。一九六二年（昭和三十七年）十月には武蔵野市関前でスピードを出し過ぎた小型トラックが玉川上水に飛び込み百メートルほど流された（十月十八日付朝日新聞朝刊）。

ロンドンの「ニューリバー」

こうした水勢の強さには水路の勾配も関係していたと考えられる。玉川上水は羽村の取水堰から四谷大木戸まで約四十三キロの間に約九十二メートルの高低差がある。平均すると百メートルでわずか二十一センチ下がるという傾きである。このデリケートな高低差の水路を江戸時代初期の土木技術を使ってわずか八カ月の工期で完成させたというのは驚きである。

しかしその勾配は、他の河川と比べると必ずしも緩やかとは言えない。そもそも玉川上水の水源である多摩川自体が関東平野の一級河川の中では急流に属する。国土交通省が二〇二三年三月にまとめた「多摩川水系河川整備基本方針　多摩川水系の流域及び河川の概要」によると、多摩川の「河道特性」は利根川や荒川などに比較しても「遥かに急な河床勾配を持っているという。

それによれば、多摩川の流域は地形によって「上流部」「中上流部」「中下流部」「下流部」に四分類されており、羽村取水堰から大丸《おおまる》用水堰（府中市と稲城市の間）までの「中上流部」の河床勾配は「約二〇〇分の一～四〇〇分の一」の「急勾配」、大丸用水堰から調布取水堰（大田区田園調布）までの中下流部もなお「約四〇〇〇分の一～八〇〇〇分の一と比較的急勾配」とされている。百メートルで二十一センチ下がる玉川上水の河床勾配は約五〇〇〇分の一なので、多摩川中下流部と同等の「比較的急勾配」に相当する。

　玉川上水開通の約四十年前の一六一三年（慶長十八年）に、英国ロンドンでも水不足を解決するため「ニューリバー」という人工水路が引かれた。「つくられた時代やその規模など、玉川上水ときょうだいともいえる上水」（羽村市ウェブサイト）だが、その勾配は玉川上水よりもはるかに緩やかだった。

　ロンドン大学歴史学研究所のブリティッシュ・ヒストリー・オンラインで公開されている「サーベイ・オブ・ロンドン：第四十七巻」によると、ニューリバーの建設時の水路は幅十フィート（約三メートル）、深さ四

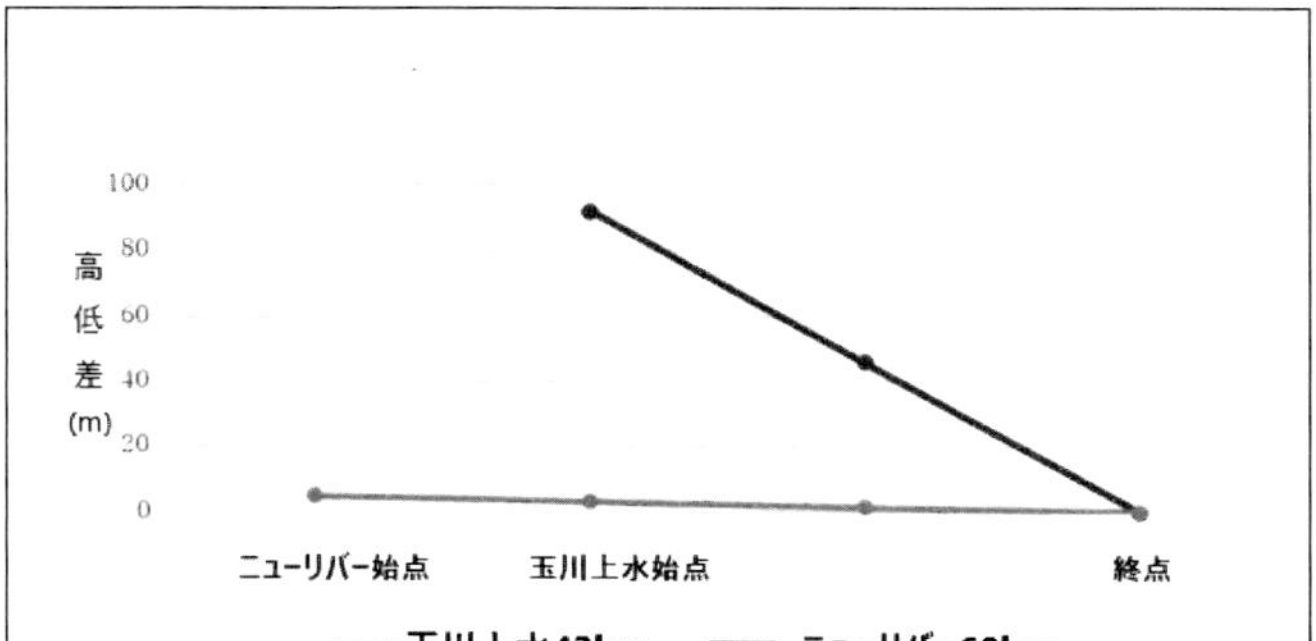

玉川上水とニューリバー　勾配の比較イメージ

フィート（約一・二メートル）で、一マイル（約一・六キロ）ごとに五インチ（約十三センチ）ずつ下がる勾配が保たれた。この緩やかな勾配を維持するため直線距離なら二十マイル（三十キロ強）で済む区間に曲がりくねった延長四十マイル（六十キロ強）近くの水路を建設する必要があった。工期は資金難による中断もあって八年に及んだ。

完成した当時のニューリバーはおよそ六十キロの間の高低差がわずか五メートルほどしかなかった。これと比べると、短期間で造成した延長四十三キロで高低差九十二メートルの玉川上水の流れはずっと急だった。

「杉並風土記　下巻」には「上水路の深さは四メートルぐらいで、流れが速く、その上両岸の水面下が深くえぐられて、ツボ型になっていたので、一旦落ちると這《は》い上がることはまず不可能でした」と記されている。実際の水深は多摩川上流域の降雨量や羽村取水堰の操作、川幅の違いなどによって変動が大きかったようだ。

東京都水道局退職後に玉川上水の橋や碑を調査した蓑田《みのだ》偑《たかし》氏はその著作「玉川上水橋と碑と」（クオリ、一九九三年）の中で、「玉川上水は場所によって広狭はあるが、平均幅二間（約三・六メートル）、深さ約四尺（約一・二メートル）、かつては一日三十万トンという多摩川の水を、淀橋浄水場に送り続けていた。水量が多く流れも急だったため、川底が深くえぐられ、誤って落ちるとまず助かることがなかった」と述べている。

かくして「人喰い川」と呼ばれるようになった玉川上水。一九六〇年（昭和三十五年）には東京都世田谷区で七歳の男の子の誘拐殺人事件が発生、警察は犯人が玉川上水に飛び込んで自殺した可能性があるとみて水流を止めて川ざらいしたが、結局空振りに終わったことがある。

玉川上水に自殺のイメージが定着していたことをうかがわせるエピソードである。犯人は後に大阪で逮捕された。ちなみに、この誘拐殺人事件は報道機関が人質の安全を最優先して報道を自粛する「報道協定」を捜査当局側と結ぶようになるきっかけとなった。

水量が減った一九六五年（昭和四十年）以降も、最期の場所を求めて玉川上水に足を向ける人たちがしばらく後を絶たなかった。玉川上水に並行する新堀用水で絶命した航空自衛隊幹部の山口氏もそうした一人だった。

供養と記憶

玉川上水に転落して流されると、一定区間ごとに設けられている水衛所の芥留《あくたどめ》にかかることが多かった。芥留は、玉川上水の水質を維持するためゴミなどを柵で止め除去する施設だ。上水の管理は江戸時代から「水番所」が担当していたが、一八九四年（明治二十七年）に名称が「水衛所」に変更された。芥留に漂着した溺死者を引き揚げ、役所へ引き渡したりしかるべき報告をしたりする手続きは江戸時代からその重要な仕事の一つだった。

水衛所は、上流から「熊川」（現在の福生市、以下同）、「砂川」（立川市）、「小川」（小平市）、「境」（武蔵野市）、「久我山」（杉並区）、「和田堀」・旧「代田」（世田谷区）、「代々木」（渋谷区）、「四谷大木戸」（新宿区）の八カ所に置かれていた。砂川、小川、境、久我山の各水衛所跡には今も芥留の柵が設置されている。玉川上水の悲しい出来事の記憶がよみがえる場所でもある。

亡くなった人たちの魂を慰める碑や像も多い。新宿区の成覚寺に安置されている旭地蔵は、内藤新宿の人々が力を合わせて建てた。久我山水衛所跡地近くの「水難者慰霊碑」は、言語学者の金田一京助氏が玉川上水に入水した娘さんや多くの水難者のために一九五二年

(昭和二十七年)に建立したものだ。玉川上水右岸の土手にひっそりとたたずんでいる。「橋と碑と」によれば、裏面には「うれひなく　さちかぎりなき　あめのくに　さきそひませ、とはやすらかに」と刻まれている。

杉並区郷土博物館の庭には多数の「民間信仰石塔」が集められているが、その中の一つに「川中投身亡者供養塔」がある。もとは今の環状八号線が玉川上水をまたぐ「中の橋」のほとりに建っていた。「杉並風土記　下巻」によると、玉川上水に投身自殺する人が余りにも多いので、その冥福を祈って一八九三年(明治二十六年)に地元の方が建立、戦前まではお彼岸に僧侶を招いて川施餓鬼《かわせがき》の供養をしていたという。

三鷹駅北口の玉川上水の縁にも水難者供養の

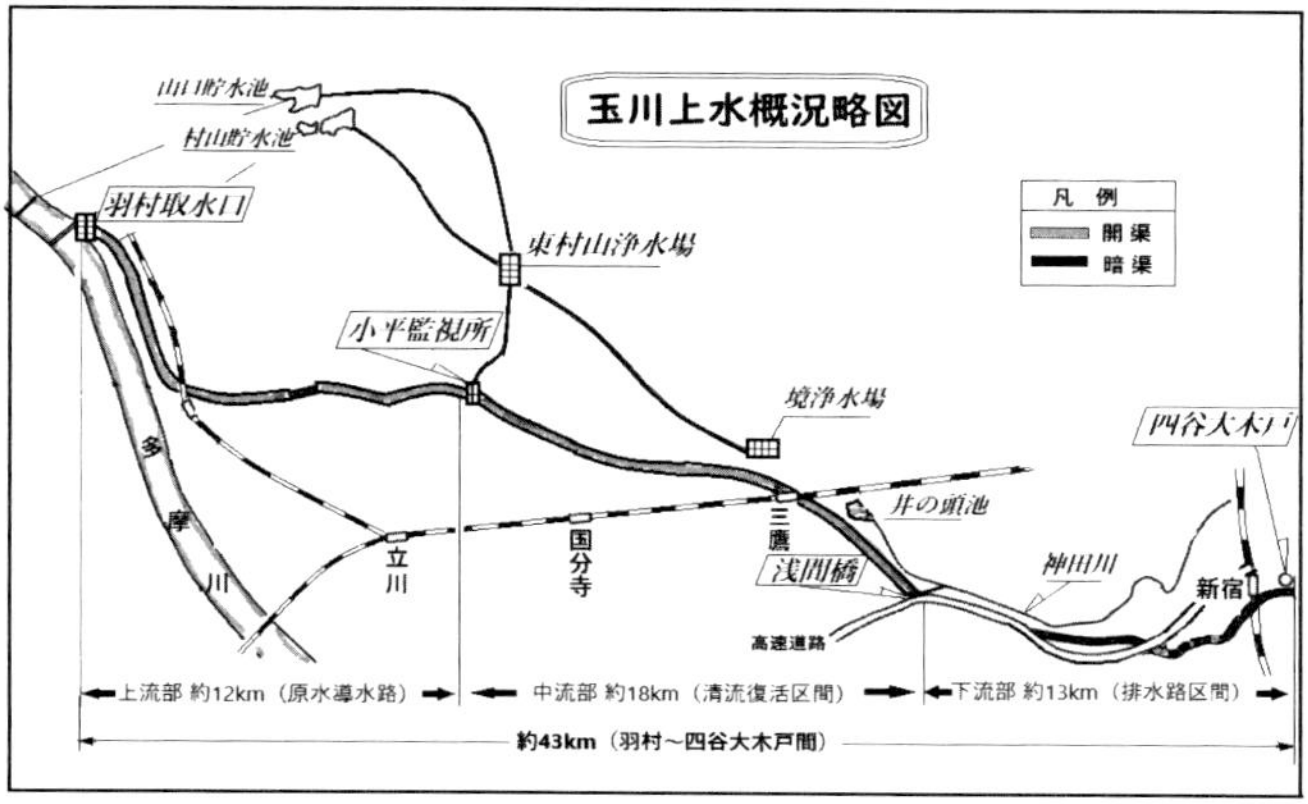

玉川上水概況略図

東京都水道局ウェブサイト＞広報・広聴＞史跡玉川上水の「玉川上水概況図」を加工して作成

ため「川施餓鬼有縁無縁供養塔」が建てられていた。三鷹市図書館によると、昭和三十年代に上水路改修と駅舎改修に伴い、三鷹市図書館に移され、さらに現在は市の民俗収蔵庫に保管されていて一般公開はされていない。「玉川上水　橋と碑と」によると、塔の左側面に一八九〇年（明治二十三年）に建てられたことが刻まれ、台座の周囲には世話人四十九人の名前が刻まれているという。

このような玉川上水の悲しい記憶は時の流れの中に埋もれ、ほとんどが忘れ去られようとしている。

東京都水道局が二〇〇七年（平成十九年）にまとめた「史跡玉川上水保存管理計画書」付属資料3の「関連年表」によると、水路のうち新宿駅から四谷大木戸までの部分は一九二三年（大正十二年）に埋め立てられ上部が道路になった。一九六三年（昭和三十八年）には立川市幸町に「小平水衛所」（現「小平監視所」）が新設され、一九六五年（昭和四十年）以降ここから下流は空堀化や暗渠《あんきょ》化が進んだ。

現在は羽村取水堰から杉並区の浅間橋《せんげんばし》まで三十キロほどが開渠《かいきょ》のまま水流が維持されている。このうち羽村取水堰から小平監視所までの十二キロほどは上水路として今も多摩川の原水が流れ、小平監視所からは玉川上水ではなく地下の管路を通って東村山浄水場まで送水されている。

小平監視所から浅間橋までの約十八キロの中流区間は管理が見直され、「清流復活事業」として一九八六年（昭和六十一年）から下水を処理した再生水が流されるようになった。浅間橋からは玉川上水の水路跡を離れて地下の管路で約六百メートル北を流れる神田川に放出されている。羽村取水堰から浅間橋までの開渠区間は今も玉川上水が生きていると感じられる。

一方、浅間橋から下流の二キロほどは埋め立てられて上水の痕跡が消失、高架の首都高速道路四号線と地上の都道十四号線（東八道路）の二本の幹線道路が辺りを威圧するように走っている。江戸時代には上水の土手にごみ捨てや魚捕りなど禁じた高札が立っていたそうだが、今の東八道路沿いにはドライバー向けに「放尿」「アイドリング」「ゴミの投げ捨て」を禁じる看板が立つ。

さらに下流方向へ進むと、東八道路と国道二十号線（甲州街道）が合流する辺りから北側に分岐するように遊歩道が始まる。埋め立てられた玉川上水跡を緑地化した杉並区の玉川上水公園である。続く世田谷区や渋谷区の域内にも玉川上水緑道が整備され、このひと続きの緑道を歩けば往時の玉川上水の流れをほぼたどりながら新宿まで出られる。ところどころに子供向けの遊具やベンチも設けられている。終点の四谷大木戸手前にある新宿御苑の北側には「内藤新宿分水散歩道」が潤いのある空間をつくっている。

杉並区から世田谷区、渋谷区にかけての玉川上水跡地の緑道は武蔵野台地の尾根をたどるようにところどころカーブを描きながら延びている。橋があった場所にはそれぞれの橋の親柱がそのまま残っているのがこの緑道の特徴で、水路があったことをはっきりと後世に伝えている。

「杉並風土記　下巻」の著者である森泰樹氏は「秋のお彼岸頃には、上水路の土堤に朱《あか》い妖艶《ようえん》な彼岸花が咲きましたが、この彼岸花には水死者の怨霊《おんりょう》がこもっているから、採ることは勿論《もちろん》触ってもいけないと言われていました」と記してい

金田一京助氏が建立した水難者慰霊碑
（2023 年 9 月 22 日撮影）

る。このような言い伝えを残した水路跡に整備された玉川上水公園には、今も秋になると
あちこちに彼岸花が咲き誇る風景が見られる。

あとがき

小学生のときに玉川上水沿いで水死体が見つかった出来事に衝撃を受け、中学生になるとサッカー部の練習で玉川上水の土手をよく走っていました。多摩地域で育った私にとって玉川上水は身近な存在でした。その後、高校から大学、社会人と年を重ねるにつれて、目の前のことばかりに気を取られ、玉川上水をあらためて意識することもなくなっていました。

しかし還暦を超えこれまで過ごしてきた環境や経験したことを振り返ると、玉川上水の思い出がしばしば心に浮かんでくるようになりました。あらためて調べてみて、その水路あるいは水路跡の大部分がよく管理された状態で今も残っていることに驚きました。同時に玉川上水が「人喰い川」や「死の川」と呼ばれていたことも気になりました。

図書館で大手紙のデータベースを検索してみると、新聞が普及し始めた明治時代から玉川上水での死者についておびただしい数の記事が残っていました。また玉川上水の流域自治体の市史や区史、地域史などには、江戸時代からの水死人の扱いやその供養などに関する記録が残されていました。一体どれほどの人が命を落としたのかは定かではありませんが、人々が怖れを抱くには十分すぎるほどの悲劇が実際に起きていたことは確かでした。

執筆作業は、読売新聞、朝日新聞、毎日新聞の各データベースで「玉川上水」をキーワードにあらためて検索した大量の記事をほぼすべてチェックすることから始めました。その上で、国立国会図書館のデジタルコレクションに収蔵されている書物や、都立多摩中央図書館、三多摩各市の図書館、羽村市郷土博物館など公的機関のさまざまな図書や資料を利用させていただきました。また東京都水道歴史館には筆者からの照会に丁寧に対応していただきました。

本書では社会的影響の大きかった出来事として、小学校教諭の松本虎雄氏の殉難、作家の太宰治氏と山崎富栄氏の心中、それに航空自衛隊幹部の山口二三氏の自決について取り上げ、その時代背景を考えました。また玉川上水が「人喰い川」と呼ばれた理由も探ってみました。いずれも詳しくご存知の方が多いと思いますが、筆者にとっては調べてみて初めて知ることばかりで、玉川上水に生々しい歴史の記憶が刻まれていることに驚きました。

玉川上水に対して人を冥途《めいど》に引き込む魔の川といったイメージを持つ人もいたかもしれません。しかし、玉川上水自身に罪があったわけではありません。そこを舞台に起きたさまざまな出来事はその時々の人間社会の営みを映し出した鏡にほかなりません。そして現在の鏡は、もっと複雑になって日々の生活の中に潜んでいるのかもしれません。

玉川上水については、あらゆる分野にわたって膨大な研究や調査、報道、著述がなされています。にわか勉強の素人の筆者がすべてに目を通したり理解したりするのは、もとより及ばぬ夢です。あくまで個人的な関心から手が届く範囲で調べた内容を何らかの形に残しておきたいと書き留めたのが本書です。その根本には、子供の頃に目にした衝撃的な光景がずっと心の底に残っていたことがあったように思います。

本書は、二〇二四年五月にキンドル・ダイレクト・パブリッシングで出版した「悲しみの玉川上水　『人喰い川』と呼ばれて」を一部改稿した上で、タイトルを一新して出版したものです。導いてくださったけやき出版の皆様にお礼申し上げます。

玉川上水が人々の苦悩や悲しみを呑み込んできた歴史の一面を少しでも多くの方

と共有できればと願っています。そして悲運にも玉川上水で命を落とされたすべての方々の魂に本書を捧げたいと思います。

令和七年二月　　　　月谷　歩

主な参考文献

全般

『史跡玉川上水保存管理計画書』東京都水道局（二〇〇七年） https://www.waterworks.metro.tokyo.lg.jp/files/items/19096/File/press070416b.pdf 参照 二〇二四年十月十一日）
アサヒタウンズ編『玉川上水　水と緑と人間の賛歌』けやき出版（一九八八年）
多摩百年史研究会編著『多摩百年のあゆみ』けやき出版（一九九三年）
肥留間博著、伊藤好一監修『玉川上水　親と子の歴史散歩』たましん地域文化財団（一九九一年）
伊藤好一著『江戸上水道の歴史　歴史文化セレクション』吉川弘文館（二〇一〇年）
小平市玉川上水を守る会編『玉川上水事典』（二〇〇四年） https://moguratushin.sakura.ne.jp/tamagawajitenHP/index.htm（参照 二〇二四年十月十一日）
小坂克信著『玉川上水の分水の沿革と概要』東急財団（二〇一四年） https://foundation.tokyu.co.jp/wp-content/uploads/2024/10/G210.pdf（参照 二〇二四年十月十一日）

渡部一二著『図解　武蔵野の水路　玉川上水とその分水路の造形を明かす』東海大学出版会（二〇〇四年）
『東京都水道歴史館デジタルアーカイブシステム』、https://www.ro-da.jp/suidorekishida（参照二〇二五年一月十八日）
読売新聞記事データベース『ヨミダス歴史館』（現「ヨミダス」）
朝日新聞記事データベース『朝日新聞クロスサーチ』
毎日新聞記事データベース『毎索』

第一章
『井の頭公園100年写真集』ぶんしん出版（二〇一七年）
『報知新聞』一九一九年十一月二十一日付七面記事「受持児童を救はんとて　小学教員の溺死」
修養団編輯部編『噫松本訓導』修養団本部（一九二一年）国立国会図書館デジタルコレクション https://dl.ndl.go.jp/pid/964256（参照二〇二四年十二月四日）
日本放送協会編『光を掲げた人々』1、白灯社（一九五三年）国立国会図書館デジタルコ

レクション https://dl.ndl.go.jp/pid/1627862（参照 二〇二四年十二月四日）
野沢正浩、島田牛稚著『小学校に於ける校外教授と遠足』目黒書店（一九一七年）国立国会図書館デジタルコレクション https://dl.ndl.go.jp/pid/980928（参照 二〇二四年十二月四日）
『東京朝日新聞』一九一九年十一月二十二日付朝刊五面記事「遺骸発見さる」
廣瀬裕之著『刻された書と石の記憶　封印された武蔵野のおもかげ』武蔵野大学出版会（二〇二〇年）
『活動写真雑誌』2（5）、八展社（一九二〇年五月）国立国会図書館デジタルコレクション https://dl.ndl.go.jp/pid/4420228（参照 二〇二四年十二月四日）
野口冨士男著『私のなかの東京』文藝春秋（一九七八年）
唐沢富太郎著『教師の歴史　教師の生活と倫理』創文社（一九五五年）国立国会図書館デジタルコレクション https://dl.ndl.go.jp/pid/3036137（参照 二〇二四年十二月四日）
岩田一正著『教育メディア空間の言説実践　明治後期から昭和初期までの教育問題の構成』世織書房（二〇一八年）
松本真弦著ほか『左右尊卑大義』松本虎雄（一九一九年）国立国会図書館デジタルコレク

ション https://dl.ndl.go.jp/pid/958045（参照 二〇二四年十二月五日）
馬場憲一著『連載　古文書は語る４６　井の頭弁財天の由緒について』（「多摩のあゆみ第一六七号」たましん地域文化財団、二〇一七年八月）
『東京朝日新聞』一九三四年十一月二十一日付朝刊十三面記事「救ひの師の祭場で泣く青年紳士」
『井の頭恩賜公園マネジメントプラン』東京都建設局（二〇二二年）https://www.kensetsu.metro.tokyo.lg.jp/documents/d/kensetsu/000059554（参照 二〇二四年十月十一日）

第二章

三鷹市史編さん委員会編纂『三鷹市史 通史編』三鷹市（二〇〇一年）
津島美知子著『回想の太宰治』講談社文芸文庫（二〇〇八年）
長篠康一郎著『山崎富栄の生涯　太宰治・その死と真実』大光社（一九六七年）国立国会図書館デジタルコレクション https://dl.ndl.go.jp/pid/1348235（参照 二〇二四年十二月四日）

山崎富栄著ほか『愛は死と共に　太宰治との愛の遺稿集』虎見書房（一九六八年）国立国会図書館デジタルコレクション https://dl.ndl.go.jp/pid/1337007（参照 二〇二四年十二月四日）
梶原悌子著『玉川上水情死行　太宰治の死につきそった女』作品社（二〇〇二年）
松本侑子著『恋の蛍　山崎富栄と太宰治』光文社（二〇〇九年）
『東京人　2008年12月増刊　三鷹に生きた太宰治』都市出版（二〇〇八年）
三鷹駅前60年史編集委員会編『三鷹駅前60年史』三鷹駅前銀座商店会（一九八九年）
太宰治著『乞食学生』太宰治全集3ちくま文庫版、筑摩書房（一九八八年）
山内祥史著『太宰治の年譜』大修館書店（二〇一二年）
太宰治著『太宰治全集12　書簡』筑摩書房（一九九九年）
大原社会問題研究所編『日本労働年鑑』第20輯（昭和14年）栗田書店（一九四〇年）国立国会図書館デジタルコレクション https://dl.ndl.go.jp/pid/1446415（参照 二〇二四年十二月四日）
太宰治著『太宰治全集第四巻　月報4』筑摩書房（一九五六年）
山岸外史著『人間太宰治』筑摩書房（一九六二年）国立国会図書館デジタルコレクション

https://dl.ndl.go.jp/pid/1335023（参照 二〇二四年十二月四日）
堤重久著『太宰治との七年間』筑摩書房（一九六九年）国立国会図書館デジタルコレクション https://dl.ndl.go.jp/pid/12461779（参照 二〇二四年十二月四日）
野原一夫著『回想　太宰治』新潮社（一九八〇年）

第三章

『読売新聞』一九六八年三月五日付夕刊一面記事「玉川上水で服毒」、同十面記事「防衛庁の〝黒い疑惑〟」、同月六日付朝刊十五面記事「遺体解剖、死因は水死」、同十五面記事「FX（次期戦闘機）と関係ない」
『国会会議録検索システム』会議録テキスト表示画面、第五十八回国会参議院法務委員会第4号（一九六八年三月五日）https://kokkai.ndl.go.jp/simple/detail?minId=105815206X00419680305&current=-1（参照 二〇二四年十月十一日）
奥山俊宏著『秘密解除　ロッキード事件　田中角栄はなぜアメリカに嫌われたのか』岩波書店（二〇一六年）
春名幹男著『ロッキード疑獄　角栄ヲ葬リ巨悪ヲ逃ス』KADOKAWA（二〇二〇年）

小平市史編さん委員会編『小平市史 近世編』小平市（二〇一二年）
小平市史概要版作成研究会編『小平の歴史　小平市史概要版』小平市（二〇一五年）
鈴木利博著『小平市内における玉川上水系分水路網の基礎的環境調査』東急財団（二〇一九年）https://foundation.tokyu.co.jp/wp-content/uploads/2024/10/G243.pdf（参照 二〇二四年十月十一日）
鈴木芳行著『首都防空網と〈空都〉多摩　歴史文化ライブラリー３５８』吉川弘文館（二〇一二年）
山口嘉大著『航空自衛隊リーダー列伝⑥　元空将補　山口二三　元航空幕僚監部防衛部長（陸士４９期）～初代バッジシステムの建設～』（航空自衛隊幹部学校幹部会「鵬友」発行委員会編「鵬友」二〇二四年四月号）
岡田志津枝著『航空警戒管制組織の形成と航空自衛隊への移管—同盟における相剋—』（「防衛研究所紀要第１５巻第１号」二〇一二年一〇月）https://www.nids.mod.go.jp/publication/kiyo/pdf/bulletin_j15-1_5.pdf（参照 二〇二五年一月十七日）
航空総隊ウェブサイト https://www.mod.go.jp/asdf/adc/index.html（参照 二〇二四年十月十一日）

航空自衛隊府中基地ウェブサイト https://www.mod.go.jp/asdf/fuchu/index.html（参照 二〇二四年十月十一日）
一橋大学ウェブサイト（沿革）https://www.hit-u.ac.jp/guide/data/pdf/data_j_3.pdf （参照 二〇二四年十月十一日）
津田塾大学ウェブサイト（沿革）https://www.tsuda.ac.jp/aboutus/history/milestone.html（参照 二〇二四年十月十一日）
『津田塾六十年史』津田塾大学（一九六〇年）国立国会図書館デジタルコレクション https://dl.ndl.go.jp/pid/9543874（参照 二〇二四年十二月三日）
読売新聞社社会部編『疑獄　戦後構造汚職のすべて』三笠書房（一九七六年）
『読売新聞』一九六七年十月八日付朝刊十五面記事「〝錯乱した〟と遺書」
『三次防における装備品等の調達計画と研究開発計画について―防衛装備国産化懇談会第２２回総会で森田装備局長より説明をきく』（「防衛生産委員会特報」１１３、日本経済団体連合会防衛生産委員会、一九六七年十月）国立国会図書館デジタルコレクション https://dl.ndl.go.jp/pid/2803849（参照 二〇二四年十二月四日）
生田豊朗著『森田さんと防衛庁』（通商産業大臣官房報道室編「通産ジャーナル」３

（2）（14）、通商産業調査会、一九六九年十月）国立国会図書館デジタルコレクション https://dl.ndl.go.jp/pid/2253935（参照 二〇二四年十二月四日）

第四章

『読売新聞』一九二七年五月二十九日付朝刊七面記事「摘草中の幼女溺死」、同一九六一年六月二十一日付朝刊十一面記事「玉川上水に落ち坊や死ぬ」、同一九六七年四月九日付朝刊十五面記事「幼い兄弟が水死」、同一八九九年八月十三日付朝刊四面記事「明治の桂川（玉川枝流の情死）」、同一九五二年十二月十四日付朝刊八面記事「玉川上水に『慰霊碑』」、同一九五五年十二月七日付夕刊三面記事「強盗、自動車と転落」

『朝日新聞』一九一〇年七月十九日付朝刊五面記事「変死のいろいろ」、一九一一年十一月二十二日付朝刊五面記事「糜爛せる情死体　玉川上水に浮上る」、一九六二年十月十八日付朝刊十五面記事「トラック、玉川上水へ」

『毎日新聞』一九五三年十一月二十九日付夕刊三面記事「坊や玉川上水に転落」

田山花袋著『時は過ぎゆく』新潮社（一九一六年）国立国会図書館デジタルコレクション https://dl.ndl.go.jp/pid/954297（参照 二〇二四年十二月四日）

小倉昌男著『経営はロマンだ！　私の履歴書』日経ビジネス人文庫、日本経済新聞出版社（二〇〇三年）

野村敏雄著『新宿うら町　おもてまち　しみじみ歴史散歩』朝日新聞社（一九九三年）

森泰樹著『杉並風土記　下巻』杉並郷土史会（一九八九年）国立国会図書館デジタルコレクション https://dl.ndl.go.jp/pid/9644360（参照 二〇二四年十二月四日）

『多摩川水系河川整備基本方針　多摩川水系の流域及び河川の概要』国土交通省水管理・国土保全局（二〇二三年）https://www.mlit.go.jp/river/basic_info/jigyo_keikaku/gaiyou/seibi/pdf/tama_3.pdf（参照二〇二四年十月十一日）

『玉川上水をまもる』羽村市ウェブサイト https://www.city.hamura.tokyo.jp/0000001544.html（参照 二〇二四年十月十一日）

'New River Head', in Survey of London: Volume 47, Northern Clerkenwell and Pentonville, ed. Philip Temple(London, 2008), British History Online https://www.british-history.ac.uk/survey-london/vol47/pp165-184（参照 二〇二四年九月十九日）

蓑田倜著『玉川上水　橋と碑と』クオリ（一九九三年）

東京都編『東京市史稿』上水篇第4東京都（一九五四年）

武蔵野市史編纂委員会編『武蔵野市史』武蔵野市（一九七〇年）国立国会図書館デジタルコレクション https://dl.ndl.go.jp/pid/3005660（参照 二〇二四年十二月四日）
『新修世田谷区史　下巻』世田谷区（一九六二年）国立国会図書館デジタルコレクション https://dl.ndl.go.jp/pid/3019467（参照 二〇二四年十二月四日）

著者について

月谷　歩（つきたに あゆむ）

一九五七年に東京都南多摩郡由木村（現八王子市）で生まれ、小平市、国分寺市、昭島市など多摩地域で通算六十年近く生活し、現在は国立市在住。会社勤めを退いた後暮らしてきた多摩地域や武蔵野の歴史や風土について学び直している。

玉川上水の世相史　−なぜ悲劇を招く舞台になったのか−

2025年2月28日　初版第1刷発行

著者　月谷 歩

発行人　小崎 奈央子
編集　袴田 唯実
DTP　土井 由音
発行元　株式会社 けやき出版
〒190-0023 東京都立川市柴崎町 3-9-2 コトリンク 3 階
TEL 042-525-9909　FAX 042-524-7736
https://keyaki-s.co.jp
印刷　株式会社立川紙業

ISBN 978-4-87751-648-2　C0021
※定価はカバーに表示してあります。